발타사르,
예수를 읽다

Kennt uns Jesus, kennen wir ihn? (1980, ³1995)
by Hans Urs Von Balthasar
© Johannes Verlag Einsiedeln, Freiburg

발타사르, 예수를 읽다

2023년 3월 10일 교회 인가
2023년 9월 11일 초판 1쇄 펴냄
2023년 10월 26일 초판 2쇄 펴냄

지은이 · 한스 우르스 폰 발타사르
옮긴이 · 신정훈
펴낸이 · 정순택
펴낸곳 · 가톨릭출판사
편집 겸 인쇄인 · 김대영
편집 · 김소정, 정주화
디자인 · 이경숙
마케팅 · 임찬양

본사 · 서울특별시 중구 중림로 27
등록 · 1958. 1. 16. 제2-314호
전자우편 · edit@catholicbook.kr
전화 · 1544-1886(대표 번호)
지로번호 · 3000997

ISBN 978-89-321-1870-3 04230
ISBN 978-89-321-1869-7 (세트)

값 16,000원

성경 ⓒ 한국천주교중앙협의회, 2023.

이 책의 한국어 출판권은 (재)천주교서울대교구 가톨릭출판사에 있습니다.
저작권법에 의해 보호를 받는 저작물이므로 무단 전재와 무단 복제를 금합니다.

가톨릭의 모든 도서와 성물을 '가톨릭출판사 인터넷쇼핑몰'에서 만나 보실 수 있습니다.
http://www.catholicbook.kr | (02)6365-1888(구입 문의)

HANS URS VON BALTHASAR

한스 우르스 폰 발타사르 지음
신정훈 옮김

발타사르, 예수를 읽다

KENNT UNS JESUS
- KENNEN WIR IHN?

가톨릭출판사

머리말

,

　어리둥절한 상황입니다. 한편으로 예수님께서 군중들에게 압사당할 지경까지 밀쳐지고 호수까지 밀려나시는 성경의 장면이 반복됩니다. 즉 교회적이거나 비교회적인 예수 신심이 세계적으로 확산되고 있습니다.

　다른 한편 성경 주석가들은 우리가 역사적 예수에게 접근하는 것을 어렵게 하고 때로는 그것을 불가능하게 만듭니다. 그리하여 울타리가 점점 더 많이 쳐집니다. 이 상황을 다음과 같이 묘사할 수 있습니다. 어떤 율법 학자(성서학자)도 예수님의 고유한 모습과 현실적 의미를 상대화할 수 없다는 의심할 여지없는 직감에 따라 사람들은 이 울타리를 무시하거나 그냥 부수고 나갑니다. "그분은 나의 것이니 나는 그분께 가야 한다." 하고 '무지한 이들'(암 하아레츠)은 말합니다.

이 책의 두 가지 묵상이 단순한 이들이 지닌 신심과 학문적 주석 사이에서 벌어지는 갈등을 해결하지는 않을 것입니다. 하지만 이 묵상이 신앙의 증언인 신약 성경만, 그리고 그 전체에서 취해진 신앙의 증언만 입체적이고 신뢰할 수 있는 예수 그리스도의 초상을 제공한다고 저는 확신합니다.

반대로 성경에서 증언된 신앙 밖에서 이루어진 예수님에 대한 모든 비판적 시도는 창백하고 왜곡되어 있으며 신뢰할 수 없는, 그래서 흥미 없는 예수님상만 제공할 수 있습니다.

사실 그렇습니다. 예수님께서 자신을 알고 계시다고 확신하는 사람만 그분의 앎에 접근할 수 있습니다. 그리고 예수님을 있는 그대로 알고 있다고 확신하는 사람만 그분께서 자신을 알고 계시다는 것을 압니다.

스위스 바젤
1980년 1월 6일 주님 공현 대축일에
한스 우르스 폰 발타사르

옮긴이의 말

,

 신학생 시절, 한스 우르스 폰 발타사르의 대표작 중 하나인 《영광Herrlichkeit》을 펼쳤다가 한 쪽을 읽고 무슨 말인지 이해 못하고 다시 덮었던 기억이 납니다. 저의 교수인 라이문트 슈바이거Raymund Schwager(1935~2004년) 신부님은 '구원의 드라마'라는 주제를 많이 다루셨는데, 이는 발타사르의 대표작인 《하느님의 드라마Theodramatik》의 영향이 아닐까 싶습니다. 두 분 모두 스위스 사람입니다. 어느 날 슈바이거 신부님과 면담하던 중 신부님에게 전화가 왔습니다. 신부님은 프랑스어로 통화하셨습니다. 통화가 끝

나길 기다린 뒤 "교수님은 프랑스어도 잘하십니다." 하고 말씀드리니 신부님이 반문하셨습니다. "내가 프랑스어를 잘하는지 못하는지 자네가 어떻게 아는가? 자네가 프랑스어를 아는가?"

우리나라 사람들에게는 "하느님을 체험했습니까?" 하는 질문이 익숙한 것처럼 보이고, 스위스 사람들에게는 "하느님을 압니까?" 하는 질문이 익숙한 것처럼 보입니다. 이 책에서 발타사르는 사람에 대한 예수님의 앎과 하느님에 대한 우리의 앎을 다룹니다. 발타사르는 계몽주의적 배경을 지니고 개신교 자유주의 신학에서 출발한 예수 연구 및 성경 주석이 예수님에 대한 앎을 파괴한다는 깊은 우려에서 이 책을 기술했습니다. 예수님에 대한 우리의 앎이 하느님의 신비에서 벗어나 단편적 지식으로 전락할 경우 그 얼굴에서 더 이상 예수다움을 찾을 수 없다는 것입니다. 후에 베네딕토 16세 교황님도 신학자로서 《나자렛 예수》를 통해 '주님의 얼굴을 찾는 탐구'를 시도하셨고, 2010년 교황 권고 〈주님의 말씀〉을 통해 역사 비평적 연구의 일방적인 발전을 교정하기 위해 '성서 전통' 내지 '교회 전통' 안에서의 성경 해석을 강조하십니다.

이 같은 문제를 해결하기 위해 쓴 이 글에서 발타사르는 역사 비평적 연구 결과를 무시하며 근본주의나 문자적 성경 해석으로 돌아가라고 하지 않습니다. 하느님은 파악 불가능한 분이심을 인정하면서 성경 안에 있는 긴장을 견디기를, 성령의 이끄심 안에서 하느님을 바라보기를 권고합니다. 인간과 하느님, 십자가와 부활, 사실과 신비, 앎과 믿음 사이에 있는 긴장은 하느님이시며 사람이신 예수 그리스도 안에서, 성령 안에서 양자택일의 방식으로 해소되는 것이 아니라 통합될 수 있습니다. 어떠한 인간의 역설도 하느님의 신비 안에 수용되기 때문입니다.

스위스의 높은 산과 맑은 호수가 방문객들에게 깊은 인상을 주듯이, 발타사르의 글도 깊은 인상을 남깁니다. 그분의 해박한 철학적·신학적 지식, 높은 산의 위용과 같은 번뜩이는 직관, 성경의 구절 구절에 정통한 스위스 개

혁주의 신학의 영향, 스위스 용병의 우직함과 같은 불굴과 충실함이 하느님의 얼굴을 보여 주는 드라마를 만들고 이를 본 사람들에게 삶을 통해 하느님을 해석하도록 초대합니다.

하느님에 대한 앎은 지식의 차원을 초월합니다. 발타사르는 '앎은 삶'이라고 말합니다. 하느님을 알면 알수록, 우리의 삶은 생명력으로 넘칠 것입니다. 대大신학자가 전하는 이 주옥같은 글이 하느님에 대한 우리의 앎을 일깨우고 우리의 삶을 충만하게 하는 길잡이 역할을 하리라 기대합니다.

발타사르가 사제품을 받은 독일 뮌헨에서
신정훈 미카엘 신부

차례

머리말   5

옮긴이의 말   8

제1부 예수님은 우리를 아시는가?   15

들어가며   17

제1장 예수님은 사람을 얼마나 아시는가   22

1. 마음을 아신다   24
2. 유혹을 아신다   38
3. 대신하면서 아신다   48

제2장 예수님의 앎과 우리   64

1. 심판관과 변호인   66
2. 생생한 교환   74
3. 알면서 알려진다   82

제2부 우리는 예수님을 아는가? 91

제1장 사람을 안다는 것과 사실을 안다는 것 92
1. 앎이 넘칠 때 94
2. 인물의 전체성 103

제2장 하느님의 해석자인 예수님 110
1. 파악 불가능한 인물 112
2. 은총과 심판 122

제3장 예수님의 해석자인 성령 130
1. 내면에서 알다 132
2. 십자가와 부활을 알다 138
3. 모든 지식을 뛰어넘는 그리스도의 사랑을 알다 146

20세기의 위대한 신학자, 한스 우르스 폰 발타사르 155

제1부

예수님은 우리를 아시는가?

들어가며

 "예수님은 우리를 아시는가?" 이 질문은 예수님에게서 우리에게 전해진 전승 앞에서 낯설어 보입니다. 이미 복음서에서 이에 대해 충분히 긍정적으로 답하지 않았습니까? 하지만 예수님께서 우리를 어떻게 아시는지 다른 이들의 앎과 질적으로 구분되기에 그분의 앎이 무엇인지 분명히 물어야 하지 않겠습니까? 예수님을 철학자 카를 야스퍼스Karl Jaspers가 말하는 '관련 있는 위인들'과 비교해 봅시다. 분명 소크라테스도 사람을 깊이 알았습니다. 소크라테스는 타인과 자신의 피상적이거나 표면적인 앎의 여러 층 아래 숨어 있는 인간의 심각한 무지를 폭로할 수 있었습니다. 이 무지는 사람을 신적인 것에서 구분합니다. 이러한 구분은 신적 영감과 유사한 '다이모니온daimonion' 덕분인데, 이것이 소크라테스에게 올바른 것과 참된 것을 감지하도록 했습니다.

부처도 자신을 마구 휘두르는 번잡함 아래 가린 불행한 갈증을 발견했을 때 분명히 사람 속을 깊이 바라보았습니다. 이 갈증은 무한한 빛 안으로 들어가기 위해 자신이라는 좁고 캄캄한 감옥을 부술 때 해소될 수 있습니다.

하지만 이 같은 앎의 깊이가 충분합니까? 누군가 우리의 무지를 폭로하거나 자아를 벗어날 길을 보여 준다면 우리가 알려진 것입니까? 우리가 다른 '위인들'의 통찰을 받아들인다고 합시다. 그것들은 모두 사람 안에 있는 어떤 다양한 것을 보여 줄 뿐이지 않습니까? 그러한 통찰이 어느 정도까지 맞을 수도 있습니다. 하지만 이러한 바라봄은 서로 일치하지 않으며 그것들을 한꺼번에 놓고 보았을 때 그것은 사람을 정말로 불가해한 스핑크스가 되도록 하지 않습니까?

우리는 예수님 시대 이후 '사람에 관한 학문'의 발전을 짚어 볼 수도 있을 것입니다. 많은 분야와 방법론을 갖춘 현대 심리학과 비교했을 때 복음서에는 그중 아무것도 선취할 수 없듯이 보입니다. 예수님의 앎은 진부하고 원시적이지 않습니까? 이 마지막 의견은 일단 그냥 두겠습니다. 하지만 각각의 이론과 학파의 배경에 인간에 대한 다양한 세계관이 있기에 마찬가지로 언어의 혼란이 맹위를 떨치지 않습니까? 심리학자 지그문트 프로이트Sigmund Freud, 알프레트 아들러Alfred Adler, 카를 융Carl Jung, 에리히 프롬Erich Fromm, 그리고 또 다른 이들에게 현존재의 의미를 묻는다면(결국 현존재를 이해하기 위해 취하는 실질적인 지침은 이를 목표로 합니다) 서로 배치되는 다양한 답을 얻을 것입니다.

광채가 인간적인 차원보다 더 높은 곳에서 사람이라는 수수께끼에 내려와서 이것을 포괄적으로 밝혀야 하지 않겠습니까? 빛이 예언자들에게 비치기 시작했듯이 하느님에게서 온 빛은 숨겨진 채 있고자 하는 것을 가차 없이 밝히면서도 경멸적으로 길들이는 것이 아니라 도움을 주면서 일으켜 세우지 않습니까? 예수님께서 사람을 아신다는 것은 이렇게 하느님에게서 비치는 빛의 완성일 것입니다. 한편 예수님께서는 하느님 말씀의 본성이 그러하듯이 마음을 가차 없이 밝히십니다.

"사실 하느님의 말씀은 살아 있고 힘이 있으며 어떤 쌍날칼보다도 날카롭습니다. 그래서 사람 속을 꿰찔러 혼과 영을 가르고 관절과 골수를 갈라,'마음의 생각과 속셈을 가려냅니다. 하느님 앞에서는 어떠한 피조물도 감추어져 있을 수 없습니다. 그분 눈에는 모든 것이 벌거숭이로 드러나 있습니다. 이러한 하느님께 우리는 셈을 해 드려야 하는 것입니다."(히브 4,12-13)

하지만 이렇게 비치는 빛은 차갑고 비정하지 않습니다. 예수님께서 '빛이 곁에 있는 동안' 우리가 '빛의 자녀가 되기 위해 믿고 거닐어야' 할 '세상의 빛'으로 당신 자신을 지칭하실 때(요한 8,12; 12,35-36 참조), 그분께서는 은총으로 가득하고 보호하며 자비로운 빛, 온화하게 이끌며 우리가 '어둠 속에서 걸려 넘어지지' 않도록(요한 11,9-10 참조) 하는 빛을 가리키시는 것입니다.

예수님의 빛은 밝히는 동시에 가립니다. 그 빛은 벌거벗긴 부분에 하느님 용서의 외투를 던지고 치유하기 위해 의사처럼 상처를 어루만집니다. 이 방식으로 우리는 인간적이면서도 동시에 인간 그 이상의 빛이 우리에게 비친다는 것을 어렴풋이 느낍니다. 그 빛은 유일한 원천에서 나오지만 분명 다양하게 작용합니다. 그러면서도 사람을 흐트러트리거나 쪼개지 않고 의식적으로건 무의식적으로건 인간이 늘 추구하는 유일한 빛의 원천으로 모읍니다. 사람은 소크라테스의 무지에 내맡겨지지도 열반의 세계(니르바나)에 빨려 들어가지도 않습니다. 그와 반대로 자신이 파악할 수 없는 방식으로 '빛의 자녀'로 드러납니다.

이 장에서는 예수님께서 인간을 구원하고 변화시키고자 하는 의지, 고난과 죄의 어둠에 대한 당신의 체험을 통해 인간을 온전히 아신다는 내용을 다룬다. 예수님께서 사람을 아신다는 것은, 먼저 그분께서 율법 학자나 바리사이들의 마음속 생각을 아셨듯이, 또 제자들의 모든 것을 아셨듯이(요한 21,17 참조), 전지전능한 하느님이신 그분께서 인간을 간파하고 계시다는 뜻이다. 예수님께서는 죄에 떨어져 하느님의 구원을 필요로 하는 인간을 잘 아시며 하느님의 빛으로 완성시키고자 하신다. 이와 같이 하느님께서는 인간의 어둠을 빛으로 비추면서 인간이 치유되고 변화되기를 원하신다. 그럼에도 빛을 거부하는 인간의 완고함 역시 엄연히 존재한다.

예수님께서 사람을 아신다는 것은 또한 그분께서 인간으로서 몸소 고난을 당하면서 얻으신 체험적 인식을 가리킨다. 그 덕분에 예수님께서는 죄의 심연에서 끊임없이 유혹받는 우리 인간을 도와주실 수 있다. 그분께서는 악령의 지배를 받는 인간 실존의 심층에 내려오셔서 우리와 똑같이 유혹을 받으셨지만 죄를 짓지 않으셨다. 예수님께서는 칠흑과 같은 어둠 속에서 세상의 죄를 몸소 짊어지면서 우리와 하나가 되셨다. 십자가에서 그분께서는 죄의 어둠을 처절히 체험하셨고, 심지어 하느님께 버림받으시는 지옥의 심연에까지 내동댕이쳐졌다. 이와 같이 예수님께서는 어둠과 죄의 질곡을 가로지르는 가운데 죄가 인간에게 얼마나 큰 고통을 가하는지 알게 되셨고, 이를 통해 인간을 온전히 알게 되셨다.

제1장

예수님은 사람을 얼마나 아시는가

1. 마음을 아신다

"주님, 당신께서는 모든 것을 아십니다."

모든 복음사가는 예수님께서 사람의 마음을 아신다는 것을 우리에게 증언합니다. 일부 잘 알려진 장면을 상기하는 것으로 충분할 것입니다.

사람들이 지붕을 뜯어 중풍 병자를 예수님 앞으로 보냈습니다. 예수님께서 그 중풍 병자의 죄를 먼저 용서하셨을 때 율법 학자들은 "하느님 한 분 외에 누가 죄를 용서할 수 있단 말인가?" 하고 생각했습니다. 예수님께서는 그들의 생각을 아시고 대답하셨습니다. "너희는 어찌하여 의아하게 생각하느냐? '너는 죄를 용서받았다.' 하고 말하는 것과 '일어나 걸어가라.' 하고 말하는 것 가운데에서 어느 쪽이 더 쉬우냐?"(루카 5,17-23; 마태 9,1-5; 마르 2,1-9 참조)

말을 못하는 이를 예수님께서 고쳐 주셨을 때 바리사이들은 그분이 마귀 우두머리의 힘을 빌려 마귀를 쫓아낸다고 말했습니다. 하지만 예수님께서는 그들의 생각을 아시고 그들에게 말씀하셨습니다. "어느 나라든지 서로 갈라서면 망한다."(마태 12,22-25; 마르 3,20-24; 루카 11,14-18 참조)

어느 안식일에 예수님께서 회당에 들어가 가르치셨는데, 그곳에 오른손이 오그라든 사람이 있었습니다. 율법학자들과 바리사이들은 예수님이 안식일에 병을 고쳐 주시는지 지켜보고 있었습니다. 예수님께서는 그들의 생각을 아시고 손이 오그라든 사람에게 "일어나 가운데에 서라." 하고 이르셨습니다. 그리고 그들에게 안식일에 좋은 일을 하는 것이 합당한지 물으신 후 그들을 모두 둘러보시고는 환자를 고쳐 주셨습니다(루카 6,6-11 참조).

제자들은 서로 자신들 가운데 누가 가장 중요한지를 두고 논쟁했습니다. 예수님께서는 그들의 마음속 생각을 아시고 어린이 하나를 데려다가 곁에 세우신 다음 이렇게 말씀하셨습니다. "너희 가운데에서 가장 작은 사람이야말로 가장 큰 사람이다."(루카 9,46-48 참조)

당신의 다가올 수난에 대한 간접적인 예언과 암시의 말씀 속에 예수님께서 당신의 배반자를 알고 계시다는 사실도 들어 있습니다. "너희 가운데 한 사람, 나와 함께 음식을 먹고 있는 자가 나를 팔아넘길 것이다. 그는 열둘 가운데 하나로서 나와 함께 같은 대접에 빵을 적시는 사람이다."(마르 14,18.20 참조) 그리고 배반자의 불행한 종말도 언급됩니다(마르 14,21 참조).

요한 복음서에는 예수님께서 마음을 알고 계신다는 것을 제자들이 체험한 내용이 집중적으로 표현됩니다. 절정에 이른다고 할 수 있겠습니다. 예수님께서는 필립보에게 사람들이 먹을 빵을 우리가 어디에서 살 수 있겠냐고 물으셨습니다. 하지만 "이는 **필립보를 시험해 보려고** 하신 말씀이다. 그분께서는 당신이 하시려는 일을 이미 잘 알고 계셨다."(요한 6,6) 하는 구절이 부연됩니다. 예수님의 질문은 질문으로 보일 뿐 사실 질문이 아닙니다.

성전에서 예수님께서는 사람들을 신뢰하지 않으셨습니다. **그분께서 모든 사람을 다 알고 계셨기 때문입니다.** 그분께는 사람에 관하여 누가 증언해 드릴 필요가 없었습니다. 사실 **예수님께서는 사람 속에 들어 있는 것까지 알고 계셨습니다**(요한 2,24-25 참조).

사마리아 여인과 나눈 대화에서 예수님께서는 그 여인에게 남편을 불러 오라고 하십니다. 사마리아 여인은 남편이 없다고 말합니다. "'저는 남편이 없습니다.' 한 것은 맞는 말이다. 너는 남편이 다섯이나 있었지만 지금 함께하는 남자도 남편이 아니니, 너는 바른대로 말하였다."(요한 4,16-18 참조)

예수님께서 이렇게 밝히신 것이 계속되는 대화에서 결정적인 역할을 합니다. 예수님께서는 그 때문에 예언자로 알려지시고 사람들은 메시아에 대해, 영과 진리 안에서의 예배에 대해 이야기합니다. 여인은 선교사가 됩니다. "저 분은 제가 한 일을 모두 알아맞혔습니다."(요한 4,39)

유다인들과 논쟁하는 예수님께서는 이미 그들의 생각을 간파하십니다. "자기들끼리 영광을 주고받으면서 한 분이신 하느님에게서 받는 영광은 추구하지 않으니, 너희가 어떻게 믿을 수 있겠느냐?"(요한 5,44)

예수님께서는 그들이 악마의 자식이라는 사실을 알고 계십니다(요한 8,44 참조). 그럼에도 유다인들은 "저 사람은 배우지도 않았는데 어떻게 성경을 잘 알까?"(요한 7,15) 하며 놀라워합니다.

요한 복음사가는 예수님께서 배반자를 알고 계시다는 것을 특히 강조합니다. "예수님께서는 이미 당신을 팔아넘길 자를 알고 계셨다. 그래서 '너희가 다 깨끗한 것은 아니다.' 하고 말씀하신 것이다."(요한 13,11), "내가 뽑은 이들을(즉 유다도) 나는 안다. 그러나 '제 빵을 먹던 그가 발꿈치를 치켜들며 저에게 대들었습니다.'라는 성경 말씀이 이루

어져야 한다."(요한 13,18)

한층 더 강한 표현이 나옵니다. "'그러나 너희 가운데에는 믿지 않는 자들이 있다.' 사실 예수님께서는 믿지 않는 자들이 누구이며 또 당신을 팔아넘길 자가 누구인지 처음부터 알고 계셨던 것이다."(요한 6,64)

예수님께서 베드로 사도의 배반을 미리 알고 계셨다는 것을 모든 복음사가는 한결같이 전합니다. 요한 복음사가는 고별 담화를 통해 예수님께서 마음을 알고 계시는 것에서 모든 것을 알고 계시는 것으로 격상시킵니다. "저희는 스승님께서 모든 것을 아시고, 또 누가 스승님께 물을 필요도 없다는 것을 이제 알았습니다. 이로써 저희는 스승님께서 하느님에게서 나오셨다는 것을 믿습니다."(요한 16,30)

신학자 루돌프 불트만Rudolf Bultmann은 이렇게 설명합니다. "신앙인들이 던질 수 있는 모든 질문은 계시 안에서 처음부터 답을 지니고 있습니다." 그래서 "그날에는 너희가 나에게 아무것도 묻지 않을 것이다."(요한 16,23)는 종말을 향한 전망일 수 있습니다.

예수님께서 당신을 사랑할 뿐만 아니라 당신을 배반할 것임을 알고 계신 베드로 사도에게 세 번 물으시는 장면에서 이러한 '모든 것'을 확인할 수 있습니다.

"주님, 주님께서는 모든 것을 아십니다."(요한 21,17)

복음서 말미에 나오는 이 '압도'는 복음서 제1장에 나오는 또 다른 압도를 그대로 반영합니다. 여기서 나타나엘은 예수님을 알고 판단하기 위해 그분께 가지만 예수님께서 이미 자신을 알고 간파하신 것을 인정해야 했습니다. "필립보가 너를 부르기 전에, 네가 무화과나무 아래에 있는 것을 내가 보았다." "스승님, 스승님은 하느님의 아드님이십니다."라는 압도는 그저 다른 더 큰 일의 시작일 뿐입니다. "너희는 하늘이 열리고 하느님의 천사들이 사람의 아들 위에서 오르내리는 것을 보게 될 것이다."(요한 1,48-51 참조)

모든 복음사가가 예수님께서 사람의 마음을 아신다는 것을 증언한다면 요한 복음사가는 다른 이들이 함께 말할 수 있는 바를 표현합니다. 즉 여기서 중요한 것은 자연적인 투시력 내지 꿰뚫어 보는 능력이 아니라 하느님의 빛 안에서 인간이 죄에 떨어져 있기에 구원이 필요하다는 것을 인식하는 구원에 대한 지식입니다. 이러한 신적인 빛이 예수 그리스도 안에서 심판하면서 인간의 어둠 속으로 내려옵니다.

"모든 사람을 비추는 참빛이 세상에 왔다."(요한 1,9)

그것은 이러한 심판과 동시에 인간을 어둠에서 구원하기 위함입니다. 베드로 사도가 예수님께 "주님, 당신은 모든 것을 알고 계십니다." 하고 말했다면 이 '모든 것'은 마찬가지로 하느님에 관해 진술될 수 있습니다.

"마음이 우리를 단죄하더라도 그렇습니다. 하느님께서는 우리의 마음보다 크시고 또 모든 것을 아시기 때문입니다."(1요한 3,20)

"빛 안으로 들어오는 것은 빛입니다."

"그 빛이 어둠 속에서 비치고 있지만 어둠은 그를 깨닫

지 못하였다."(요한 1,5)

왜 그럴까요? 교부 오리게네스가 말하듯이, 빛이 자리하는 곳에는 어둠이 물러갈 수밖에 없습니다. 하지만 우리 안에는 드러내고 싶지 않은 어두운 구석이 많지 않습니까?

"그 심판은 이러하다. 빛이 이 세상에 왔지만, 사람들은 빛보다 어둠을 더 사랑하였다. 그들이 하는 일이 악하였기 때문이다. 악을 저지르는 자는 누구나 빛을 미워하고 빛으로 나아가지 않는다. 자기가 한 일이 드러나지 않게 하려는 것이다."(요한 3,19-20)

즉 빛의 효력에도 한계가 있습니다. 자기 안에 빛이 충분하다고 단언하면서 빛을 거슬러 자신을 가리고 빛에 대해 모든 의미를 틀어막을 가능성이 있습니다.

예수님께서 눈먼 사람을 안식일에 고쳐 주셨을 때 유다인들은 그런 일을 하는 사람은 죄인일 수밖에 없다고 주장하면서 나아서 다시 볼 수 있게 된 사람도 '완전히 죄 중에 태어난 사람'으로 몰고 갑니다. 그래서 예수님께서는 다음과 같이 분명히 말씀하실 수밖에 없습니다. "나는 이 세상을 심판하러 왔다. 보지 못하는 이들은 보고, 보는 이들은 눈먼 자가 되게 하려는 것이다." 그들은 묻습니다. "우리도 눈먼 자입니까?" 예수님께서는 이렇게 대답하십니다. "너희가 눈먼 사람이었으면 오히려 죄가 없었을 것이다. 그러나 지금 너희가 '우리는 잘 본다.' 하고 있으니, 너희 죄는 그대로 남아 있다."(요한 9장 참조)

여기서 예수님의 앎은 '우리는 잘 본다'고 주장한 이들을 놓치지 않습니다. 그들은 거침없이 폭로되고 회칠한 무덤으로 지칭됩니다. 예수님께서는 그들의 회칠 뒤에 숨겨진 썩은 모습을 보시지만 당신께서 그 회칠을 당장 없애 버리시지는 않습니다. 그것을 하기 위해서 다른 수단이 요구될 것입니다.

주님의 공생활 안에 절정 또는 갈등의 고조가 있습니다. 그분께서 당신의 사랑을 이스라엘에게 보여 주실수록 이미 목이 뻣뻣해진 백성은 더욱 완고해집니다. 바로 예수님께서 발하시는 빛이 그들에게는 예수님이 자신들이 기다리는 메시아가 아니라는 증거입니다.

"빛이 너희 가운데에 있는 것도 잠시뿐이다. 빛이 너희 곁에 있는 동안에 걸어가거라. 그래서 어둠이 너희를 덮치지 못하게 하여라."(요한 12,35)

유다는 예수님께 빵을 받고 바로 밖으로 나갔습니다. 때는 '밤이었습니다.'(요한 13,30 참조) 그것은 '어둠이 권세를 떨칠 때입니다.'(루카 22,53 참조)

"낮 열두 시부터 어둠이 온 땅에 덮여 오후 세 시까지 계속되었다."(마태 27,45)

바오로 사도는 다음과 같이 해명합니다. "밖으로 드러나는 것은 모두 빛으로 밝혀집니다. 밝혀진 것은 모두 빛입니다."(에페 5,13-14)

환자가 치료받기 위해서 치료하는 이에게 협력해야 하듯이, 밝은 빛은 밝혀지는 어둠과 함께 작용합니다. 하지만 밝혀진 어둠이 예수님에 의해서 빛으로 변화된다는 것은 우리를 크게 위로합니다. 바리사이 집에 왔던 죄 많은 여자의 역설적인 장면을 떠올려 봅시다. 그 여자는 눈물을 흘리고 사랑을 증명하면서 모든 이 앞에서 자신의 죄를 드러냅니다. 바로 그 때문에 그 여자는 많은 죄를 용서받게 됩니다. 왜냐하면 큰 사랑을 드러냈기 때문입니다. 한편 예수님을 초대한 바리사이는 틀리지는 않았지만 인색한 태도를 지닌 것으로 드러납니다. 사랑의 빛이 그에게서 한계에 부딪히고, 그의 마음과 예수님 마음 사이에 결합이 이루어지지 않습니다.

"적게 용서받은 사람은(적게 용서될 수 있는 사람은) 적게 사랑한다."(루카 7,47)

하지만 십자가에 달린 두 사람, 즉 주님과 죄인 사이에 마음의 결합이 이루어집니다. 왜냐하면 한 죄수가 자신의 죄를 드러내면서["우리야 당연히 우리가 저지른 짓에 합당한 벌을 받지만"(루카 23,41)] 큰 용서의 빛 안으로 들어가기 때문입니다.

"너는 오늘 나와 함께 낙원에 있을 것이다."(루카 23,43)

하지만 한계는 남습니다. 빛이 비추는 모든 능력을 쏟아 부었는데도 끈질긴 저항에 계속 부딪힐 때가 가장 끔찍합니다. 의심의 여지없이 예수님께서는 당신의 지상 사명이 소용이 없을 줄 미리 알고 계셨음에서도 최선을 다하셨습니다. 왜냐하면 예수님께서 당신을 완고하게 거부한 결과로 예루살렘의 멸망을 예견하셨다는 사실을 누구도 의심할 수 없기 때문입니다.

"예루살렘, 예루살렘아! 예언자들을 죽이고 자기에게 파견된 이들에게 돌을 던져 죽이기까지 하는 너! 암탉이 제 병아리들을 날개 밑으로 모으듯, 내가 몇 번이나 너의 자녀들을 모으려고 하였던가? 그러나 너희는 마다하였다. 보라, 너희 집은 버려질 것이다."(루카 13,34-35)

예루살렘에 가까이 이르신 예수님께서는 눈물을 흘리십니다. 모든 예언자를 죽였듯이 자신을 죽일 예루살렘에 메시아의 모습으로 입성하실 것이기 때문입니다. 아마도 이 장면은 복음서에서 가장 충격적인 장면일 것입니다. 왜냐하면 영원하신 사랑께서 인간의 거부에 눈물을 흘리셔야 했기 때문입니다.

"오늘 너도 평화를 가져다주는 것이 무엇인지 알았더라

면……! 그러나 지금 네 눈에는 그것이 감추어져 있다. 그때가 너에게 닥쳐올 것이다. 그러면 너의 원수들이 네 둘레에 공격 축대를 쌓은 다음, 너를 에워싸고 사방에서 조여들 것이다. 그리하여 네 안에 돌 하나도 다른 돌 위에 남아 있지 않게 만들어 버릴 것이다. 하느님께서 너를 찾아오신 때를 네가 알지 못하였기 때문이다."(루카 19,42-44)

이것이 마지막입니까? 그렇다면 예수님께서 사람을 아시는 것이 인간을 구원하는 그분의 능력보다 클 것입니다. 그렇다면 하느님의 구원 계획은 수포로 돌아가는 것입니까? 구약의 예루살렘이 침략과 파괴를 당하고 성전이 불탔을 때 하느님의 계약은 파기된 것으로 보였습니다. 예언자는 배신한 도시를 위해서 더 이상 기도하지 말라는 지시를 받았습니다. 하지만 유배 한가운데 귀환과 중단된 역사의 속행이라는 새로운 약속이 주어졌습니다. 대신 백성의 죄를 속죄할, 신비에 가득 찬 분의 환시가 주어졌습니다.

이제 예수님의 앎도 '황량하게 버려진 집'을 넘어섭니다. 왜냐하면 예수님께서 "너희가 '주님의 이름으로 오시는 분은 복되시어라.' 하고 말할 날이 올 때까지, 정녕 나를 보지 못할 것이다."(루카 13,35) 하는 말씀을 덧붙이시기 때문입니다.

2. 유혹을 아신다

나약함을 통해 아신다

예수님께서는 죄를 제외하고 모든 면에서 우리와 똑같이 되셨습니다(히브 4,15 참조). 그러므로 유혹도 받으셨습니다. 그래서 성경에서는 분명히 이렇게 언급합니다.

"우리에게는 우리의 연약함을 동정하지 못하는 대사제가 아니라, 모든 면에서 우리와 똑같이 유혹을 받으신, 그러나 죄는 짓지 않으신 대사제가 계십니다."(히브 4,15)

이 '모든 면에서'가 대단하게 들립니다. 우리가 인간의 갖가지 죄를 적용할 필요가 없다고 할지라도, 이 말은 예수님께서 유혹의 물속에 얼마나 깊이 잠기셨는지 보여 줍

니다. 시편 저자를 따라 "목까지 물이 들어찼다."(시편 69,2)
하고 말할 수 있습니다.

  예수님께서는 하느님의 길이 아닌 다른 길이 얼마나 반짝거리며 매혹적으로 다가올 수 있는지 경험으로 알고 계십니다. 그분께서는 실오라기 같은 하느님 말씀만 가지고 낭떠러지 위에서 버틴다는 것이 무엇을 의미하는지 알고 계십니다. 예수님께서는 "성경에 이렇게 기록되어 있다."라는 성경 말씀을 인용하며 사탄의 유혹을 세 번 물리치십니다. 예수님께 제기되는 것은 공동체의 진부하고 무리한 요구가 아니라 메시아에게 주어진 가장 심각하고 결정적인 유혹입니다. 이스라엘은 광야에서 이 유혹을 물리치고 극복해야 했지만 결국 유혹에 떨어지고 맙니다.

  예수님께서는 세상을 하느님과 화해시키는 당신의 파견 목적을 알고 계십니다. 그분께서는 성령께 순종하면서 그 목적을 실현하기 위해 하나하나 단계를 밟으셔야 합니다. 목적에 이르는 더 낫고 빠르고 효과적인 길이 여럿 있지 않겠습니까? 이 길들은 예수님께 그럴싸하고 매력적으로 보입니다.

예수님께서는 유혹에 빠지지 않으십니다. 그러나 두 걸음 더 가거나 한 발짝만 더 내딛으면 유혹에 빠지는 길을 체험하셨습니다. 예수님께서 우리의 나약함을 공감하신다는 성경의 진술이 이중으로 뒷받침됩니다. "그분께서는 고난을 겪으시면서 유혹을 받으셨기 때문에, 유혹을 받는 이들을 도와주실 수가 있습니다."(히브 2,18)

모종의 고통 또는 큰 고통이 아니라 유혹을 당하는 우리가 겪는 유혹을 똑같이 겪음으로써 예수님께서는 어디서 도움을 주기 시작해야 하는지에 대한 내적인 앎을 얻고 우리를 도우실 수 있습니다.

또한 이미 구약에서 대사제는 사람들 가운데에서 뽑혀 '사람들을 위하여 하느님을 섬기는 일을 하도록' 지정되었다고 언급합니다. "그는 자기도 약점을 짊어지고 있으므로, 무지하여 길을 벗어난 이들을 너그러이 대할 수 있습니다."(히브 5,2) 이러한 약점은 옛 사제들에게 죄였고, 이러한 자기 죄 때문에 그들은 속죄 제물을 바쳐야 했습니다. 예수님께 약점은 죄일 수 없습니다. 그렇지 않다면 형제들을 위한 그분의 자기희생이 철저할 수 없을 것입니다. 하지만 예수님께서는 유혹을 받는 나약함, 사탄이 던지는 유혹의 위험, 이러한 유혹 가운데서도 하느님의 뜻에 기대야 하는 어려움, 이 모든 경험을 의사로서 다른 이들을 고쳐 주시기 위해, 사람이 지닌 사정을 알기 위해 몸소 겪으셔야 했습니다.

예수님의 앎은 고통을 겪으며 얻은 것입니다. 앞서 언급한 마음에 대한 앎에서 경험에 의한 앎으로 나아간 것은 장족의 발전입니다. 올리브 동산에서 예수님께서는 "당신을 죽음에서 구하실 수 있는 분께 큰 소리로 부르짖고 눈물을 흘리며 기도와 탄원을 올리셨습니다. …… 예수님께서는 고난을 겪으심으로써 순종을 배우셨습니다." (히브 5,7-8) 예수님께서 인간의 나약함을 카리스마적으로 아셨다면 이는 효과적으로 도움이 되지 못했을 것입니다. 예수님께서는 부당한 요구와 견딜 수 없어 보이는 것을 인내하는 성숙의 과정을 거치면서 육화하셔야 했습니다.

공생활의 시작에 메시아가 당한 세 가지 유혹은 외적으로는 쉽게 극복한 것처럼 보이지만 사실 이는 나약함 가운데 주어진 것이었습니다. 유혹은 예수님께서 광야에서 40일간 단식하신 후에 다가옵니다. "그 뒤에 시장하셨다." (마태 4,2) 예수님께서는 사탄과 만나면서 강해지지 않고 오히려 약해지십니다. 그분께서 권력의 진상과 힘을 아시기 위해 사탄의 유혹에서 오는 충격을 온전히 느끼실 수 있어야 하기 때문입니다. "내가 약할 때에 오히려 강하기 때문입니다."(2코린 12,10)라는 바오로 사도의 말이 이러한 그리스도론적 상황에서 온전히 증명됩니다.

하느님께서는 당신을 거스르는 것을 외적으로나 우월한 입장에서만 마주하지 않으십니다. 즉 번지르르한 거품처럼 헛된 것을 내부에서 터뜨리기 위해 사탄의 유혹에 당신을 내맡기시는 놀라운 일을 행하십니다. 요나의 표징에서와 같이 그분께서는 당신을 삼키는 괴물을 내부에서 죽이십니다.

하느님께서는 우리의 처지를 아시고 우리를 돕기 위

해 이를 감행하셨습니다. 하지만 이는 우리가 장난삼아서든 과시하기 위해서든 악에 관여하도록 하시기 위함이 결코 아닙니다. 우리가 얼마나 악을 잘 버틸 수 있는지 하느님께서 아시도록 하기 위해 우리를 유혹에 이끌어 달라고 그분께 기도할 필요는 없습니다. '주님의 기도' 속 청원은 "우리를 유혹에 빠지지 않게 하시고, 유혹에 동의하지 않도록 우리를 지켜 주소서."를 의미합니다.

하느님께서는 구약의 의인들처럼 우리를 시험하실 수 있고 무엇이 우리의 신앙에 가치가 있는지 보시기 위해 그렇게 하실 것입니다. "하느님께서 아브라함에게 어떻게 하셨는지, 이사악을 어떻게 시험하셨는지, 그리고 야곱에게 …… 무슨 일이 일어났는지 생각해 보십시오. 그들의 마음을 시험하시려고 그들에게 불 같은 시련을 주신 것입니다. 그분께서는 우리에게도 그냥 보복을 하지 않으십니다. 주님께서는 당신께 가까운 이들을 깨우쳐 주시려고 채찍질하시는 것입니다."(유딧 8,26-27)

참된 신앙은 '갖가지 시련' 없이 이루어지지 않고 시험을 받으면 인내가 생겨납니다(야고 1,2-3 참조). 그렇지만 우리가 아니라 하느님 홀로 시험하는 불을 다루십니다. 예수님 안에서 하느님께서는 신비로운 네 번째 사람처럼 불가마니 속에서 우리와 함께 거니십니다(다니 3,92 참조).

예수님의 진단

예수님께서는 악령이 지배하는, 인간 존재가 지닌 심층에 파고 들어가셨고 어두운 세력에 운명적으로 '빠져 있음 Verfallenheit'(철학자 마르틴 하이데거Martin Heidegger의 용어)이 무엇인지, 그것에 의해 압도당하는 암묵적 동의가 무엇인지 구분하실 수 있습니다.

"먼저 힘센 자를 묶어 놓지 않고서, 어떻게 그 힘센 자의 집에 들어가 재물을 빼앗을 수 있겠느냐? 묶어 놓은 뒤에야 그 집을 털 수 있다."(마태 12,29)

우리는 예수님께서 영혼 속 악령과 관련된 지하 세계로 침입하신 것을 이런 관점에서 이해해야 합니다. 그것은 승리의 강림이 아니라 어둠의 세력의 영역으로 들어가 당신 자신을 그들에게 내맡기기 위한 것입니다. 성부에 대한 아드님의 궁극적인 순종을 통해서만 그분께서는 그 세력의 영향을 받지 않으십니다. 그리고 영혼의 지하 세계에서 '힘센 자'의 소유를 탈취하십니다.

우리는 여기서 악령의 인격 문제를 도외시할 수 있습니다. 악령이 존재하고 세계를 영혼과 육신의 차원에서 망가트린다는 사실만으로도 충분합니다. 예수님께서는 유혹에 대한 앎에서 한 사람이 당한 속박이 무엇인지 진단하기 위해 각각 이러한 심층을 바라보십니다. 사람이 아무것도 할 수 없는 속박이 있습니다.

"그렇다면 아브라함의 딸인 이 여자를 사탄이 무려 열여덟 해 동안이나 묶어 놓았는데, 안식일일지라도 그 속박에서 풀어 주어야 하지 않느냐?"(루카 13,16)

또한 육체적 결핍에서 영혼의 죄를 아는 심층 심리학도 있습니다. 그 죄는 스스로 부술 수 없는 사슬에 '힘센 자'가 자신을 묶도록 암묵적으로 동의하는 것입니다. 그렇기 때문에 예수님께서는 영적 속박을 풀면서 시작하십니다.

사람들이 데려온 중풍 병자에게 예수님께서는 먼저 "얘야, 너는 죄를 용서받았다." 하고 말씀하십니다. 그리고 사람들이 죄를 용서하는 그분의 권한에 시비를 건 뒤에야 비로소 두 번째 속박을 풀어 주시는데, 이 두 번째 속박은 본래 첫 번째 속박에 연결되어 있습니다. "내가 너에게 말한다. 일어나 들것을 들고 집으로 돌아가거라."(마르 2,3-11 참조)

예수님께서는 이미 오랫동안 누워 지냈다는 것을 아시는 벳자타 못 가의 병자에게 경고하십니다. "자, 너는 건강하게 되었다. 더 나쁜 일이 너에게 일어나지 않도록 다시는 죄를 짓지 마라."(요한 5,5-14 참조)

집에서 악령이 내쫓긴 사람은 쉽게 상하고 다칠 수 있습니다. 반드시 이중으로 조심해야 합니다. 왜냐하면 '더러운 영'이 황량한 곳을 헤매고 쉴 데를 찾지 못하면 옛 집으로 돌아가기 때문입니다. "그 집이 비어 있을 뿐만 아니라 말끔히 치워지고 정돈되어 있는 것을 보게 된다. 그러면 다시 나와, 자기보다 더 악한 영 일곱을 데리고 간다."

그것은 새로운 힘으로 그 집에 자리 잡기 위함입니다. "그리하여 그 사람의 끝이 처음보다 더 나빠진다."(마태 12,43-45 참조)

"가거라. 그리고 이제부터 다시는 죄짓지 마라."(요한 8,11) 하는 말을 들은 사람을 그 사람이 자유를 누리는 가운데 충분히 성숙될 때까지 동행해야 합니다.

하지만 이와 반대되는 경우도 있습니다. 예수님께서는 이 경우도 정확히 알고 계십니다.

"스승님, 누가 죄를 지었기에 저이가 눈먼 사람으로 태어났습니까? 저 사람입니까, 그의 부모입니까?" 제자들이 묻자 예수님께서는 이렇게 답하십니다. "저 사람이 죄를 지은 것도 아니고 그 부모가 죄를 지은 것도 아니다. 하느님의 일이 저 사람에게서 드러나려고 그리된 것이다."(요한 9,2-3 참조)

보지 못하는 이들은 하느님을 통해 볼 수 있게 되고, 자신들이 본다고 생각하는 이들은 눈먼 자가 됩니다(요한 9,39 참조).

하느님께서 모든 것을 꿰뚫으시며 밝히시는 빛이라는 결과처럼 바로 이 때문에 어둠과 속박이 존재할 수 있고 존재해야 한다는 사실이 매우 중요합니다. 이런 이유로 앞서 언급한 죄로 인한 육체의 속박과 영혼의 속박이 서로 연결될 수 있습니다. 요한 묵시록에서 묘사하듯이 지하 구렁에서 나와 해와 대기, 하늘 전체를 어둡게 하는 아주 시커먼 연기(묵시 9,2 참조)는 마지막에 하느님의 흠 없는 빛을 더욱 밝히 빛나게 할 뿐입니다.

3. 대신하면서 아신다

"우리의 죄 때문에 찔리신"

이로써 신비가 바닥을 드러냈습니까? 만일 예수님께서 "우리와 똑같이 유혹을 받으신, 그러나 죄는 짓지 않으신"(히브 4,15) 분이라면, 그분께 결정적인 부분, 즉 죄인의 기분이 어떠한지에 대한 지식이 결여됩니다. 건강한 사람이 병자가 어떻게 느끼는지 생각할 수 있듯이 그분께서 비록 생각하실 수 있겠지만, 생각은 경험에 비해 결정적으로 차이가 있습니다. 하지만 '죄를 짓지 않으신'이라는 명백한 사실을 은폐하지 않으면서 한 걸음 더 나아가는 것이 가능할까요? 여기서 우리가 신비의 고유한 영역에 들어선다는 사실에는 의심의 여지가 없습니다. 교회에는 우리가 넘어야 한다고 생각하는 문턱에서 주춤하게 하는 구원론이 많습니다. 우리는 신중하고자 합니다.

하느님께서는 그리스도 안에서 세상을 당신과 화해시키고자 하시기에 "죄를 모르시는 그리스도를 우리를 위하여 죄로 만드시어, 우리가 그리스도 안에서 하느님의 의로움이 되게 하셨습니다."(2코린 5,21) 바오로 사도가 이렇게 말한 것은 무엇을 의미할까요? 또한 그리스도께서 "우리를 위하여 스스로 저주받은 몸이 되셨기에"(갈라 3,13) 아브라함의 복과 성령을 우리가 받았다는 것은 무슨 뜻일까요?

이러한 말씀과 함께 '우리를 위하여' 또는 '우리 때문에'라는 표현이 반복되는 것을 해석하는 두 가지 방식, 즉 더 강한 방식과 더 약한 방식이 있습니다. 더 약한 방식은 예수님의 구원 업적을 다음과 같이 설명합니다. 즉, 예수님께서 '우리를 위하여' 어떤 것을 수행하셨습니다. 아니 참으셨습니다. 그것의 가치는 쓸모없는 우리 죄를 무한히 능가합니다(안셀모는 이를 '비교할 수 없이 탁월한 것incomparabiliter superat'이라고 표현합니다). 그래서 그분의 속죄 행위가 놓인 저울접시가 무거워지며 아래로 쑥 내려가고 세상의 죄가 놓인 반대 접시가 들어 올려집니다. 예수님께서 수난을 통해 얻으신 공로가 당신에게 필요하지 않으시기에 그 공로는 그분의 형제인 우리에게, 토마스 아퀴나스의 고차원적 표현에 따르면 그분의 신비체의 지체들에게 도움이 될 수 있습니다.

신학자 카를 라너Karl Rahner도 안셀모와 동의하는 이 이론에 따르면 예수님께서는 완전한 죽음에서, 아무런 탓 없이 흠 없는 당신 자신을 하느님께 넘기시면서 하느님과 세상의 화해를 가능하게 하고 성사적 사건에서처럼 인류에게 이 화해를 현존하게 하십니다. '우리를 위하여' 행해진 것은 어떤 의미에서 우리 자신이 할 수 없었을 것이라는 점에서 '우리 대신' 행해진 것이기도 합니다.

하지만 이로써 바오로 사도의 말과 '세상의 죄를 없애시는' 하느님의 어린양을 가리키는 요한 세례자의 말의 의미가 완전히 드러났습니까? 그리스도께서 몸소 세상의 죄를 짊어지는 신비로운 사건과 같은 것이 있습니까? 그분께서는 그 죄를 짓지 않으셨으면서도 죄의 본질과 영향을 성부의 시간이자 '어둠의 시간'인 그 '시간'에 동시에 체험하십니다. 구세주가 당신의 형제들, 죄인들과 당신 자신을 동일시하고 더 이상 하느님 앞에서 그들과 자신을 구별하지 않고자 하는 것, 그래서 세상에서 하느님을 거스르는 현실에 대한 그분의 심판을 마치 피뢰침과 같이 자신이 끌어안는 것과 같은 것이 있습니까?

진노한 하느님상이 원시적이고 시대에 뒤떨어졌다는 이의를 제기하지 마십시오. 사랑이신 성부께서 세상을 위해서 당신 아드님을 내어주셨기 때문입니다(요한 3,16; 로마 8,32 참조). 죄인을 사랑하시는 하느님께서 당신이 미워

하셔야 하는 죄에 대해 노여워하실 수 있다는 사실에 아무도 이의를 제기하지 않을 것입니다. 하지만 예수님께서 '그 시간'에 죄의 본질을 내면에서 체험하신다면, 수난의 중심은 그분의 완전한 죽음(안셀모, 카를 라너의 입장)에 있을 뿐만 아니라 죽음에 이르기까지의 공포와 하느님께 버림받은 경험, 진정으로 우리를 대신하여 악에 대한 하느님의 정당하고 의로운 심판을 몸소 경험하신다는 데 있습니다. "이제 이 세상은 심판을 받는다."(요한 12,31) 이렇게 예수님께서는 수난이 시작됨을 선포하십니다.

세상이 받아야 할 심판을 성부와 아드님의 관계 안으로 (물론 근본적으로 성령께서 함께 작용하십니다) 받아들이는 것이 지고하신 삼위일체적 사랑의 활동입니다. 이 사실은 신약 성경의 진술에 익숙한 모든 이에게 분명할 것입니다. 그러나 무한한 사랑을 거부하는 유한한 자유라는 끔찍한 가능성과 현실은 이 무한한 사랑이 베푸는 용서라는 손쉬운 행위로 단순히 지워질 수 없습니다. 그것은 하느님과 사람 양측에게서 정화를(이 점에서 안셀모가 옳습니다),

하늘과 땅 사이의 새로운 계약의 체결을 요구합니다.

그렇기 때문에 모세에서 시작해서 예언자들을 망라하고 '주님의 종'에 이르기까지 구약 성경 전체를 대표하는 계약의 중재자가 화해의 결과를 효과적으로 자신의 실존 전체로 구현하는 것이 마땅할 것입니다.

"그가 찔린 것은 우리의 악행 때문이고 그가 으스러진 것은 우리의 죄악 때문이다."(이사 53,5)

예수님은 속죄하시는 분입니다. 그분께서는 당신의 능력으로 죄에 대한 용서를 청하고 속죄를 행하실 뿐만 아니라 하느님에 대한 온전한 순종으로 인간의 능력을 넘어서서 모든 속죄 행위를 하실 수 있습니다.

그 시간

여기서 복음서 안에서 예수님께서 분명히 지향하시는 '그 시간'이 그분의 공생활과 활동의 단순한 연장이 아니라 그것과 뚜렷하게 구분된다는 것을 알아야 합니다. 그 시간이 점점 더 가까워지는 것을 느끼지만 서서히 일어나지 않고 올리브 동산에서의 수난과 함께 갑자기 들이닥칩니다.

그 시간은 기다리시는 예수님을 덮치고 그분을 땅바닥에 내동댕이칩니다. 예수님께서 갑자기 피땀을 흘릴 정도로 죽음에 대한 공포를 느끼신 것은 심리학의 문제가 아니라 신학의 문제입니다. 그렇기에 우리는 예수님께서 이미 보여 주신 죄인들과의 연대의 마지막 결과를 십자가 위에서 보여 주셨다는, 즉 세리와 창녀들과 함께 식사하셨듯이 이제 두 명의 죄수와 함께 당신을 십자가에 못 박히도록 내버려 두셨다는 식으로 그것이 아무것도 아니듯이 여기게 하는 이론과 거리를 두어야 합니다. 이것은 사실이지만 결코 완전한 진리는 아닙니다.

그 이론은 죄인들을 대하는 예수님의 자세가 세상의 죄를 대하는 하느님의 화해하는 자세를 드러낸다는 사실을 보여 주고자 합니다. 그렇다면 예수님께서 하신 엄격한 심판의 말씀은 무엇을 의미할까요? 하느님의 영광이 성전을 떠나고 하느님의 어좌에서 천사가 성전에 불을 집어 내려 불살라 버리게 하는 지경에 이르는 하느님과 이스라엘 사이의 구약의 비극! 이 끔찍한 드라마가 후에 그리스도의 아버지 하느님에 의해 무효화되는 오해에 불과할까요? 이 사실이 구약의 하느님을 하위의 악령으로 여겼던 반유다주의적인 마르키온의 영지주의에 매우 근접하게 하지 않겠습니까? 특히 성경은 위대한 예언자들과 욥과 '주님의 종'에서 그리스도의 십자가에 이르는 연속성을 고려할 때 통일성을 지니지 않습니까? 분명히 십자가는 죄인들과 예수님의 '연대'와 관련 있습니다.

그러나 오늘날 유행하는 이 '연대'라는 단어는 당신과 인간을 동일시하신 예수님의 심오한 뜻을 온전히 표현하기에는 너무 약합니다. 죄의 진실이 무엇인지는(특히 죄가 거짓으로 보일 때) 하느님을 거부하는 죄인과 이러한 거부에 대한 하느님의 거부에 걸맞게 매우 엄격히 이해되어야 합니다. 그리고 오직 한 분만 이를 이해할 수 있었습니다. 이것은 자신이 너무나 참되기에 거부의 부정성을 온전히 인식하고 경험하며 견디어 내고, 이 부정성에서 치명적인 모순을 절절히 겪고, 고통으로 그 경직성을 풀 수 있는 이만 깨달을 수 있는 것입니다.

여기서 잘못된 결론을 신중히 피해야 할 것입니다. 예수님께서 죄인을 대신하여 하느님에게서 '벌을 받으셨다'고 말해서는 안 됩니다. 그분께서는 당신이 하느님에게서 '저주받으셨다'고 느꼈고 '지옥'에 떨어지셨다고 말해서도 안 됩니다. 왜냐하면 우리가 '지옥'으로 여기는 바는 하느님에 대한 미움과 연결되어 있기 때문입니다. 십자가에 달리신 분께서 성부 하느님에 대해 일말의 증오를 느끼신다고 말하는 것도 무의미합니다. 하지만 죄인의 몫이었을 것에 의해 절절히 고통을 겪으시는 것, 즉 하느님에게서 완전하고 최종적인 분리를 겪는 것을 하느님의 아드님이 경험하실 수 있습니다.

평생 성부와 일치를 이루며 그분의 뜻을 행하는 것이 양식이었던 아드님보다 하느님께 버림받는 것을 더 처절히 겪을 수 있는 이는 아무도 없다고 말할 수 있습니다. 아드님은 자기 존재의 모든 끈으로 하느님께 매달려 있지만 더 이상 하느님을 느끼지 않습니다. 왜냐하면 그분께서는 이제 죄인의 이름으로, 즉 하느님과의 접촉을 상실한 채로 느끼셔야 하기 때문입니다.

십자가 위에서 하느님에게서 버림받은 체험이 최종적인 것에까지 미치지 않았더라면 '주님의 종'이나 욥이나 애가 저자의 고통이 예수님의 고통보다 심해야 했을 것입니다. 하지만 십자가 위에서 땅과 하늘의 모든 지평이 남김없이 어두워졌고 그분께 주어진 고통은 무한하며 아무런 의미나 결실도 없어 보입니다. 게다가 많은 이들을 위해 수난을 대신 겪은 주님의 종에게서 고통은 품위 없고 경멸적으로 보입니다.

예수님께서 십자가 위에서 돌아가셨다는, 이해할 수 없는 사실을 지금까지 해석되지 않은 바로 이 예언의 이미지를 통해 초기 그리스도인들이 해석할 수 있었다는 것은 놀라운 일이 아닙니다. 이미 마태오 복음서 앞부분에 '주님의 종'에 대한 진술이 인용됩니다. "그는 우리의 병고를 떠맡고 우리의 질병을 짊어졌다."(마태 8,17)

부제 필리포스는 에티오피아 내시에게 도살장으로 끌려가는 어린양에 관한 성경 구절을 설명해야 했습니다(사도 8,32-33 참조). 베드로의 첫째 서간은 본보기가 될 만한 구절을 상세히 인용합니다. "그분께서는 우리의 죄를 당신 몸에 친히 지시고 십자 나무에 달리시어 …… 그분의 상처로 우리는 병이 나았습니다."(1베드 2,24)

신약에는 성인들의 체험이 있습니다. 그것이 진실하다면 그 체험은 아드님이 하느님에게서 버림받음에 참여하도록 선사된 선물이라고 해석할 수 있습니다. 따라서 십자가의 요한 성인의 어둔 밤과 같은 체험을 일종의 지옥 체험으로 묘사하는 것은 마땅하지 않습니다. 하느님께서는 영혼을 떠나셨고, 영혼은 이것이 시간과 무관한 것이어야 한다는, 즉 최종적인 것이어야 한다는 사실을 압니다. 하느님에게서 참으로 버림받음은 언제나 이러한 최종적 특성을 지닙니다. 시한부 버림받음 또는 희망과 연결된 버림받음은 없습니다. 다른 신비가들은 이 상황에서 늘 그럴 것이라는 느낌뿐만 아니라 이미 늘 그래 왔다고 느꼈습니다. 그들은 하느님 이외에 그 누구도 자신들을 해방시킬 수 없는 일종의 영원한 '지옥'을 체험했습니다. 하느님께서 사라지셨습니다.

다른 한편 어떤 이가 그리스도를 따르면서 주님보다 더 심각하고 경악스러운 것을 절절히 체험했어야 했다고 상상할 수 없습니다. 그들의 체험은 유일회적이며 비교될 수 없는 무게로 하느님-인간이신 그분께서 경험한 것의 완화된 여운일 수밖에 없습니다.

또한 수많은 아우슈비츠와 굴라크의 군도群島에서 겪은 헤아릴 수 없는 인류의 고통 중 어디까지가 주님의 속죄 수난과 직접적인 연관이 있는지 우리는 확인할 수 없습니다. 주님의 속죄의 수난이 그 배경에 있지 않다면 사람들은 하느님의 시선이 이를 어떻게 견딜 수 있을지 알지 못할 것입니다.

과연 인류의 구세주가 인간의 고통에 대한 앎에서 사람들이 당신을 능가하도록 해야 합니까? "나는 인간적인 어떤 것도 나에게 낯선 것으로 여기지 않는다."라는 시인의 말이 구세주에게는 적합하지 않아야 합니까? 다른 이들이 극단에까지 가야 하는 반면, 구세주는 인간의 죄와 고통에 관한 적당하고 평균적인 앎만 소유해야 합니까? 하지만 그렇다면 어떻게 그분께서 "나는 처음이며 마지막이고 …… 죽음과 저승의 열쇠를 쥐고 있다."(묵시 1,17-18) 하고 당신 자신에 대해 말씀하실 수 있단 말입니까?

이제야 비로소 어둠의 경지, 즉 사람의 죄의 혼동을 가로지름으로써 예수님께서는 사람을 온전히 아시게 되었습니다. 이는 카리스마적인 앎에 불과하지 않으며 유혹에서 얻은 체험적인 앎에 불과하지 않습니다. 죄가 얼마나 끔찍한지, 죄가 얼마나 큰 고통을 가하는지에 대한 철저한 앎입니다.

이제 예수님께서는 신적이면서 동시에 인간적인 고해의 경청자로서 인간의 상황을 말씀하실 수 있습니다.

"나는 네가 악한 자들을 용납하지 못한다는 것을 안다. …… 그러나 너에게 나무랄 것이 있다. 너는 처음에 지녔던 사랑을 저버린 것이다. 그러므로 네가 어디에서 추락

했는지 생각해 내어라."(묵시 2,2.4-5)

"나는 너의 환난과 궁핍을 안다. 그러나 너는 사실 부유하다. 또한 네가 중상을 받는 것도 나는 안다."(묵시 2,9)

"나는 네가 한 일을 안다. 너는 살아 있다고 하지만 사실은 죽은 것이다. 깨어 있어라. 아직 남아 있지만 죽어가는 것들을 튼튼하게 만들어라."(묵시 3,1-2)

"나는 네가 한 일을 안다. 너는 차지도 않고 뜨겁지도 않다. …… '나는 부자로서 풍족하여 모자람이 없다.' 하고 네가 말하지만, 사실은 비참하고 가련하고 가난하고 눈멀고 벌거벗은 것을 깨닫지 못한다."(묵시 3,15.17)

사람에 대한 예수님의 이러한 절대적인 앎을 선포하는 이는 바로 '살해된 것처럼 보이는 어린양'입니다. 어린양은 어좌에 서 계시고 하느님의 일곱 영을 온 땅에 파견하십니다(묵시 5,6 참조). 그분께서는 고통과 참상으로 가득 찬 세상 역사의 봉인된 두루마리를 하느님께 건네받고 봉인을 뜯고 두루마리를 펴기에 합당한 유일한 분이십니다. 왜냐하면 이 참상은 그분께서 몸소 겪은 고통을 능가할 수 없기 때문입니다. 그분은 이러한 참상의 주님이시고, 오직 그분 안에서만 이 참상을 해석할 수 있습니다.

그렇기 때문에 예수님께서는 바로 기준 자체이십니다. 그분에게서 인간적인 것이 모든 차원에서 측정될 수 있고 또 측정되어야 합니다. 하늘과 땅 위와 땅 아래에 있는 이들이 무릎을 꿇었다면(필리 2,10 참조) 이로써 천상 세계에서 지상과 지하 세계까지 인간적인 것의 모든 범위가 표시될 수 있습니다. 프로이트는 이를 "나는 지하 세계를 움직일 것입니다acheronta movebo."라는 말로 표시했습니다.

이제 힘센 자의 집에 들어가 그의 재물을 강탈한다는 것이 무엇을 의미하는지 완전히 명확해졌습니다. 어찌어찌 사람은 자신의 죄를 강탈당했습니다. 자기보다 더 힘센 분이 그에게서 죄를 빼앗았습니다. 칸트와 모든 자치론자가 불쾌하도록 사람은 하느님을 거슬러 자기 둘레에 세운 담이 무너진 것을 발견합니다. 이 '가르는 장벽'(에페 2,14 참조)은 허물어졌습니다. 내가 꽁꽁 묶인 이에게 "손들어!" 하고 말해도 그는 할 수 없습니다. 내가 그를 풀어 주고 다시 한 번 "손들어!" 하고 말하면 그는 원할 경우 그럴 수 있고 그것을 원하지 않을 이유도 없습니다. 죄가 많아진 그곳에 은총이 충만히 내렸습니다(로마 5,15-21 참조). 사람은 자유를 오직 자유롭게 취할 수 있습니다. 우리가 그리스도와 함께 죽었다가 살아났다는 직설법은 이미 존재합니다. 그러나 이 표현 자체가 내포하는 명령을 사람이 경청하고 따라야 합니다.

이 장에서는 예수 그리스도를 중심으로 한 심판의 의미와 그리스도 안에서 완성되는 하느님과 인간 사이의 결합을 다룬다. 인간은 심판을 받는다. 하지만 하느님께서 개인의 잘잘못을 따져 판결을 내리시는 것이 아니다. 마태오 복음서 25장 최후의 심판 이야기가 시사하듯이 개인이 이웃과의 관계에서 스스로 알 수 있었고 알았어야 하며 사실상 알고 있었던 기준이 명백히 드러나는 것이다. 그 기준은 바로 예수 그리스도이시다. 성부나 성자께서 개인을 따로 심판하실 필요가 없다. 사랑을 거부했다는 사실이 각자에게 명백히 드러나는 것이 바로 심판이다. 모든 것이 밝히 드러나는 바로 이 심판의 시간에 그리스도께서는 심판을 받는 이들을 변호하신다. 성부의 대리자인 동시에 인류의 대리자이신 그리스도께서는 하느님으로서 우리를 아시는 동시에 인간으로서 우리를 아신다.

그리스도 안에서 하느님과 인간의 관계가 육체적 관계로 드러난다. 우리는 그리스도의 몸 안에 숨고자 하며, 그분의 몸은 우리의 상처를 품고 치유하며 우리의 죄를 밝히 비춘다. 그리스도의 몸과 우리의 몸이 하나가 되며 우리는 그리스도의 몸 안에 드러나고 그를 통해 하느님 앞에 서게 된다. 그리스도 안에서 하느님과 인간 사이의 진실된 관계가 완성되며 그리스도께서는 양자 사이의 관계에서 중심이 되신다. "바라보는 이를 바라보면서" 하느님과 인간은 사랑과 앎 사이의 간격이 없는 긴밀한 결합을 이룬다. 이 사실을 "하느님에 의해 알려졌기 때문에 나는 존재한다."라는 문장이 잘 표현한다.

제2장

예수님의 앎과 우리

1. 심판관과 변호인

 요한 묵시록에서 당신을 드러내는 주님은 '불꽃 같은 눈'(묵시 1,14 참조)으로 환시를 보는 이를 바라보십니다. 그리고 후에 '도살될 양'의 모습으로 등장하실 같은 주님이 언급됩니다. 그분께는 '온 땅에 파견된 하느님의 일곱 영'(묵시 5,6 참조)인 일곱 눈이 있습니다. 모든 것을 꿰뚫는 신적인 시선으로 사람의 아들은 모든 사람의 마음속 밑바닥까지 파고드십니다. 그렇게 그분은 우리의 대쪽 같은 심판관이 되십니다.

바오로 사도는 다음과 같이 말합니다. "나를 심판하시는 분은 주님이십니다. …… 그분께서 어둠속에 숨겨진 것을 밝히시고 마음속 생각을 드러내실 것입니다."(1코린 4,4-5)

예수님께서 죄인인 우리와 함께하시고자 당신 자신을 낮추시거나 우리 손에 넘겨지시더라도, 그분께서 지니신 위엄과 우리의 비천함 사이의 거리가 줄어드는 것은 아닙니다. 예수님께서는 하늘의 구름을 타고 오십니다. 그분께서는 주권을 지니며 자유롭고 불변하는 정의로 염소들을 양에서 가르십니다. 바오로 사도의 늘 기뻐하라는 권고는 두렵고 떨리는 마음으로 우리의 구원을 위해 힘쓰라는 다른 권고를 상쇄하지 않습니다(필리 2,12; 3,1 참조).

마태오 복음서 25장 '최후의 심판' 비유의 요점은 염소와 양을 가르는 것 내지 하늘 또는 지옥으로 보내지는 것에 있지 않습니다. "주님 저희가 언제 주님을 뵙고……." 하는 선한 이들뿐만 아니라 악한 이들이 당황하며 던진 질문과 "너희가 내 형제들인 굶주리고 헐벗고 감옥에 갇힌 이, 가장 작은 이들 가운데 한 사람을 만난 것"이라고 해명하는 답에 있습니다. 이는 심판받는 이들이 스스로 알 수 있었고 알았어야 하는, 겉으로 표현을 하지 않아도 사실상 알고 있었던, 그렇지 않다면 그들이 그에 대해 책임을 질 수도, 또 긍정적이거나 부정적인 판단을 받을 수 없는 상황과 기준을 심판관이 가리킨다는 것을 의미합니다. 그들은 이웃으로서, 사랑이라는 그리스도교의 계명을 알고 있는 이로서 자기 자신, 자기 양심을 바라보도록 지시받습니다. 이 둘은 더 이상 분리할 수 없습니다.

예수님께서는 종말에 그들에게 판결을 내리시기보다는 그들 스스로 판단해야 하는 절대적인 기준으로서 그들 앞에 서 계십니다. 이 기준이 완전히 드러나면서 바오로 사도가 이방인들에게 말한 바가 모든 이에게 일어납니다.

"그들의 양심이 증언하고 그들의 엇갈리는 생각들이 서로 고발하기도 하고 변호하기도 하면서, 그들은 율법에서 요구하는 행위가 자기들의 마음에 쓰여 있음을 보여 줍니다. 이러한 사실은 …… 하느님께서 사람들의 숨은 행실들을 심판하시는 그날에 드러날 것입니다."(로마 2,15)

죄인의 자기 판결은 진실로 온전한 기준에 직면해서 이루어집니다. 하지만 누가 이 기준에 이미 도달했습니까? 누가 이 기준에 합격할 수 있습니까? 기준이 나타납니다. 모든 이에게 각자의 죄를 증명하는 사람의 아들의 표징이 나타납니다. "보십시오, 그분께서 구름을 타고 오십니다. 모든 눈이 그분을 볼 것입니다. 그분을 찌른 자들도 볼 것이고 땅의 모든 민족들이 그분 때문에 가슴을 칠 것입니다. 꼭 그렇게 될 것입니다. 아멘."(묵시 1,7)

요한 복음서의 그리스도께서 반복적으로 말씀하시는 심판의 관점이 나타납니다. 그리스도께서 사람을 아시는 빛이 이 관점 위에 떨어집니다. 그리스도께서는 심판 행위를 따로 하실 필요가 없습니다. 사람이 스스로 참된 빛 속으로 옮겨집니다. "모든 사람을 비추는 참빛이 세상에 왔다."(요한 1,9)

예수님께서는 심판하러 세상에 오신 것이 아닙니다

(요한 3,17 참조). "나는 아무도 심판하지 않는다."(요한 8,15; 12,47 참조). 하지만 성부의 사랑을 증언하는 예수님의 계심과 영원한 생명을 선사하는 그분의 말씀 자체가 그것을 거부하는 이에게 심판이 됩니다.

"누가 내 말을 듣고 그것을 지키지 않는다 하여도, 나는 그를 심판하지 않는다. …… 나를 물리치고 내 말을 받아들이지 않는 자를 심판하는 것이 따로 있다. 내가 한 바로 그 말이 마지막 날에 그를 심판할 것이다."(요한 12,47-48)

아드님이나 아버지가 따로 심판하실 필요 없이(요한 5,22 참조) 내가 사랑을 거부했다는 사실이 드러나는 것 자체가 가혹한 심판입니다. 그럼에도 예수님께서 때로 당신이 사람에 대해 심판할 것이 '많다'(요한 8,26 참조)고 말씀하실 때, 이것은 그분께서 성부에게서 투명하게 전달받는 참된 빛을 의미하며, 따라서 모든 인간적인 태도의 기준이 됩니다.

하지만 누가 이러한 기준을 견딜 수 있습니까? 모든 사람이 이 기준이 요구하는 바 앞에서 자신에게 유죄 판결을 내려야 하지 않습니까? 우리는 미켈란젤로가 그린 심판하시는 그리스도께서 실패자들을 당신 앞에서 쫓아내시는 무시무시한 몸짓과 함께 이 기준을 상상해야 하지 않습니까? 여기서 신약 성경 말씀으로는 도저히 연결할 수 없는 큰 도약과 전환이 이루어집니다. 조금 전까지만 해도 사람의 아들은 하늘의 구름을 타고 오면서 하느님께서 몸소 정하신 빛, 사람에 대한 온전한 앎으로 성부를 대신하여 공심판을 수행해야 하는 빛처럼 보이셨습니다.

"아버지께서는 모든 것을 그분 손에 내주셨다."(요한 3,35)

"아버지께서는 아무도 심판하지 않으시고, 심판하는 일을 모두 아들에게 넘기셨다."(요한 5,22)

하지만 갑자기 아드님은 아버지께 몸을 돌려 사람을 위해 아버지께 기도하시는 분이 됩니다.

우리는 '대사제의 기도'에서 예수님을 특히 그런 분으로 만납니다. 여기서 예수님께서는 수난에 앞서 당신 자신과 당신의 곁에 있는 이들과 그들을 통해서 믿음을 얻을 모든 이를 위하여 성부께서 내밀한 삼위일체적 결합 안에 그들을 감싸 달라고 기도하십니다(요한 17장 참조). 예수님께서 십자가에서 참되고 최종적인 대사제로서 당신의 직무를 수행하셨기에 "그분께서는 당신을 통하여 하느님께 나아가는 사람들을 언제나 구원하실 수 있습니다. 그분께서는 늘 살아 계시어 그들을 위하여 빌어 주십니다."(히브 7,25)

아버지의 대리자 역할에서 인류의 대리자 역할로 예수 그리스도를 옮겨 놓는 진술은 드물지 않습니다. 바오로 사도도 다음과 같이 말합니다. "누가 그들을 단죄할 수 있겠습니까? 돌아가셨다가 참으로 되살아나신 분, 또 하느님의 오른쪽에 앉아 계신 분, 그리고 우리를 위하여 간구해 주시는 분이 바로 그리스도 예수님이십니다."(로마 8,34)

요한 사도는 이렇게 말합니다. "누가 죄를 짓더라도 하느님 앞에서 우리를 변호해 주시는 분이 계십니다. 곧 의로우신 예수 그리스도이십니다. 그분은 우리 죄를 위한 속죄 제물이십니다."(1요한 2,1-2)

예수님께서는 하느님 앞에서 모든 인류와 당신의 형제

모두를 대표하십니다(히브 5,1-10 참조). 그분께서는 그들의 일을 손수 맡으시어 수행하시는 그들의 변호인이자 옹호자이십니다(히브 4,14-16; 9,24 참조).

우리와 함께하시는 하느님의 대리자이자 하느님과 함께하시는 우리의 대리자라는 예수님의 이중적 역할을 더 이상 단순화할 수 없습니다. 예수님은 하느님-인간으로서 인격화된 계약이기 때문입니다. 이 역할은 그분께서 사람을 온전히 아시는 데서 나온 결과입니다. 또한 전지하신 창조주 하느님께서 지니시는 앎이며 인간적인 것의 모든 차원을 경험으로 두루 맛보신 구세주의 앎입니다.

하지만 인간을 '위' 또는 '안'에서 간파하는 시선은 인간을 낙담하게 하고 그의 품위를 앗아 가지 않습니까? 사람이 이렇게 투명하게 읽혀지면서 자신의 은밀함과 스스로 알릴 수 있는 자유를 박탈당한 것이 아닙니까? 자신이 하느님에 의해 모든 방식으로 읽혀졌음을 아는 시편 저자의 경험으로 되돌아갑시다. "정녕 말이 제 혀에 오르기도 전에 주님, 이미 당신께서는 모두 아십니다. 뒤에서도 앞

에서도 저를 에워싸십니다. …… 제 영혼이 이를 잘 압니다."(시편 139,4-5.14)

철학자 프리드리히 니체Friedrich Nietzsche와 같은 이는 이렇게 벌거벗겨 있음을 '무례한 것'으로 일컬으며 저항했고 이 사실은 널리 알려져 있습니다.

강생이라는 새롭고 영원한 계약의 신비가 비로소 최종적인 답을 줍니다.

2. 생생한 교환

부름받지 않은 이, 즉 외부인에게는 '외설적'이고 부적절하게 보이는 것들이 친밀함으로 부름받은 이에게는 적절할 뿐만 아니라 거룩한 것으로 비쳐집니다. 성性적인 영역이 결정적인 예입니다. 이 영역은 육체적인 친밀함에서 전인적이며 상호적인 친밀함으로 개방되면서 그 특징이 드러납니다.

구약의 계시에서 하느님과 그분께 선택받았지만 신의를 자주 저버린 백성 사이에 맺어진 계약의 내밀성을 밝히기 위해 이러한 강력한 상징을 사용한 것에는 다 이유가 있습니다. 호세아 예언자가 '하느님의 앎'을 언급할 때, 상징이 되기 위해 창녀와 결혼해야 했던 그는 친밀한 사랑과 하느님의 관계인 계약에 대한 육체적이라고 할 수 있는 이해를 드러냅니다.

구약에서 그녀를 안다는 말은 여인과 동침함을 뜻합니다. 이러한 앎은 하느님의 창조 질서에 따라 '한 몸'을 이루면서 얻어집니다. 하지만 이는 단순한 육체적 사건 그 이상입니다. 즉 이 사건을 통해 사랑하는 상대방과 실험적인 접촉이 이루어집니다. 호세아 예언자에게서 약속된 하느님에 대한 앎은 하느님께서 당신 백성에게 새롭게 혼신의 힘을 다해 구애하신 결과입니다. "나는 너를 영원히 아내로 삼으리라. 정의와 공정으로써 신의와 자비로써 너를 아내로 삼으리라. 또 진실로써 너를 아내로 삼으리니 그러면 네가 야훼(주님)를 알게 되리라."(호세 2,21-22). 오직

'창녀의 끼'만 이스라엘로 하여금 하느님을 아는 것을 막습니다(호세 5,4 참조).

육체관계가 신약에서 더 이상 비유가 아니라 모든 성적인 것을 극단적으로 넘어 실제가 된다면 도대체 어떻게 된 것일까요?

루카 복음서에서 부활하신 예수님께서는 믿지 못하는 제자들에게 당신이 유령이 아니라는 사실을 알도록 당신을 만져 보라고 하시고 당신 상처도 보여 주십니다(루카 24,38-40 참조). 그렇게 우리는 예수님의 못 자국에 손가락을 넣고 그분 옆구리에 손을 넣어 보겠다는 토마스 사도의 요구를 이해할 수 있습니다. 토마스 사도는 그 요구를 자신의 신앙 조건으로 만들어서는 안 될 뿐이었습니다(요한 20,24-25 참조). 우리에게는 '하느님과 화해한'(에페 2,16 참조) 그리스도의 몸 안에 있고자 하는 욕구가 있습니다. 그 몸은 우리의 상처를 품고 치유했을 뿐만 아니라 그를 통해 하느님 앞에서 우리의 죄를 밝게 비추었습니다.

십자가 안에서 세상의 죄에 대한 원原 고해를 이해한 것은 신비가 아드리엔 폰 슈파이어Adreinne von Speyr의 놀라운 직관 가운데 하나입니다. 사람에 의해 계속 숨겨진 죄가 여기서 궁극적으로 성부 앞에 드러나고 십자가에 달리신 분은 모든 이를 위해 또 모든 이와 함께 기도하십니다. "저희에게 잘못한 모든 이를 저희도 용서하오니 저희의 죄를 용서하소서.", "아버지 저들을 용서해 주십시오. 저들은 자기들이 무슨 일을 하는지 모릅니다."(루카 23,34)

십자가에 달리신 분께서 우리를 위해 우리의 고해를 하신 것입니다. 우리의 죄를 밝히시는 그분의 자세로 우리가 고해할 때, 우리는 그분 안으로 들어가고 그분을 따르게 됩니다. 토마스 사도처럼 예수님 몸 안에 있기를 원한다면 그분의 상처는 열리고 우리는 그 열린 곳으로, 감춰지지 않은 내면으로 들어갑니다. 거기서 다만 그분과 함께 드러날 수 있습니다. 그 몸은 우리를 온전히 알기 때문입니다. 우리는 그 몸에 드러나고 그 몸을 통해 하느님 앞에 서 있습니다.

이와 같이 그리스도의 몸과 우리 몸 사이에 '한 몸이 됨'

이라는, 어떤 성적인 신비도 능가하는 굉장한 신비가 존재합니다. 그것이 성체성사의 신비입니다. 오늘날 많은 신학자들과 강론하는 이들은 이 신비를 크게 오인하고 대수롭게 여기지 않습니다. 그리스도의 몸은 사람들이 자신에게 무슨 고통을 가했는지, 무엇이 자신을 '멍들게' 했는지 알고 있습니다. 그것은 그리스도의 몸에 마구 저질러진 그들의 죄입니다. 그리스도의 몸은 '우리를 위해' 흘려지고 쏟아 부어진 피와 더불어 우리를 통하여 그리고 우리를 위하여 '넘겨진 몸'입니다(루카 22,19-20 참조). 요한 사도는 구원이 물과 성령만의 일이 아니라 물과 피와 성령의 일이라고 말합니다(1요한 5,6 참조). 바오로 사도는 '그분의 육 안에서' 적개심과 증오가 허물어지고 없어졌다는 사실을 반복해서 강조합니다(에페 2,14-16 참조).

성령의 힘으로 우리 죄를 거머쥘 수 있는 힘을 얻음으로써 이미 보편적 의미를 지니는 이 몸은 자기 수여를 통해 의미를 획득했습니다. 우리에 의해 내버려졌으면서도 예수님께서는 우리를 위해 앞서 말한 고통과 버림받음에 당신 자신을 내던지셨습니다. 하지만 아버지께 감사드리는(에우카리스티아eucharistia) 가운데 이를 행하십니다. 아버지께서는 그리스도의 몸을 내어주시고 죄인의 손에 내맡기면서 그 몸이 자진하여 싼 값에 쓰이도록 허락하십니다. 이미 고해와 관련하여 이야기한 대로 그분께서 우리를 당신 안에서 하느님께 드러내 보이시고 하느님께 우리를 바치시기 때문입니다. 진실로 그러하기에 성부께서는 당신 자신을 봉헌하는 아드님의 관점에서만 우리를 바라보실 수 있습니다. 이것이 하느님께서 우리에 대해 지니시는 최종적인 앎입니다. 그것은 아드님 안에 있으면서 성부 앞에 서기 위함입니다. 우리는 원래 그것을 위해 창조되었습니다(에페 1,3-4 참조).

즉, 몸을 지니신 그리스도께서 우리를 위해 당신 자신을, 또 당신과 더불어 우리를 봉헌하신 정신 안에서, 아버지께 자신을 희생 제물로 내어 놓으신 그리스도의 정신 안에서, 우리가 죄스럽게 희생시키고 내버린 바를 다시 받아들이는 것입니다.

(예수님 및 신약 성경 저자들이 살던 시대의 유다인이나 이방인들과 달리 오늘날 우리가 더 이상 동물 희생 제사나 곡물 희생 제사를 바치지 않는다는 이유로 희생 제물이라는 단어에 인위적인 불쾌감을 느낄 필요는 없습니다. 우리는 오로지 아드님의 자기희생이 유일하게 참되고 충분하며 영원히 지속되는 제물이라는 점에서 출발해야 합니다. 히브리인들에게 보낸 서간이 보여 주듯이 이 제물은 하느님께 단 한 번 영구히, 즉 오늘날을 위해서도 바쳐집니다. 우리 모두 이러한 희생 제물의 정신과 봉헌에 연결되어 있으며, 우리 자신을 적극적으로 이에 연결시켜야 합니다. 여기서 비신화화할 것은 없습니다.)

우리가 이전에 악함과 선함 속에서 하느님께 봉헌했던 것을 거룩한 성체성사 안에서 성령의 힘으로 성부 하느님에 의해 변화된(부활된) 것으로 다시 받습니다. 선함 속에서의 봉헌이 무엇을 의미하는지 알기 원한다면 십자가 아래 계신 성모 마리아를 바라보십시오. 마리아께서는 자신에게 가장 끔찍한 사건이 일어나게 하면서 자신을 희생제물로 바치시는 아드님과 하나가 되십니다. 여기서 마리

아는 온전히 사랑하시는 교회를 대표합니다. 교회는 '예'라고 응답하며 삼위일체 하느님으로 하여금 '구원의 신비 mysterium fidei'를 거행하도록 합니다.

당신의 상처 안에서 그리스도의 몸은 그분의 지체인 신앙인들의 개방적인 거처가 됩니다. 상처가 낫고 아무는 것이 아니라 변모되어 열려 있는 것입니다. 하느님의 어좌에 앉아 있는 살아 계신 어린양은 영원토록 '살해된 것처럼 보입니다.' 바오로 사도는 우리가 이 신비를 기념하면서 예수님의 죽음을 선포하라고 권고합니다. (여기서 사도는 부활을 말하지 않습니다. 물론 부활은 그 배경을 이룹니다. 그렇지 않다면 죽음의 선포는 무의미합니다.) 그렇기 때문에 우리는 그저 경건한 '식사'를 하는 것이 아님을 잘 의식해야 합니다.

우리가 앞으로 될 것과 그러한 변화 과정 중에 이미 그것인 바, 즉 그리스도의 몸을 우리는 받을 수 있습니다. 성체성사 때문에 이는 단순한 상징적인 표현이 아닙니다. 예수 그리스도의 몸과 우리 사이에 결코 흔하지 않은 상호적인 앎이 존재합니다. 그분께서는 당신 안에서 우리를 아시고 우리는 우리의 가장 고유한 진리로서 그분을 압니다. 그 진리는 우리 안이 아니라 하느님 안에 있습니다.

3. 알면서 알려진다

하지만 아직 모든 것이 언급되지 않았습니다. 새롭고 영원한 계약은 하느님과 사람의 진실된 사랑의 관계를 완성하여 예수 그리스도가 두 내재적 관계의 중심이 되도록 합니다. "우리가 하나인 것처럼 그들도 하나가 되게 하려는 것입니다." 하고 예수님께서는 성부께 기도하십니다. "저는 그들 안에 있고 아버지께서는 제 안에 계십니다. 이는 그들이 완전히 하나가 되게 하려는 것입니다."(요한 17,22-23)

이제 예수님과 사람이 서로 일치하는 가운데 하느님 위격이 서로의 안에 있다는 하느님 내면의 마지막 신비(미스테리움Mysterium)가 드러납니다. 앎과 사랑은 더 이상 구분

될 수 없이 서로의 안에 있습니다. 이 신적인 일치는 시편 저자가 말하는 단순한 창조주와 피조물의 관계를 훨씬 뛰어넘어 사랑 안에서 이루어지는 앎과 알려져 있음 사이의 상호성을 위한 척도이자 존재론적 장소입니다.

"나는 착한 목자다. 나는 내 양들을 알고 내 양들은 나를 안다. 이는 아버지께서 나를 아시고 내가 아버지를 아는 것과 같다."(요한 10,14-15)

예수님의 앎과 예수님을 따르는 이들의 앎은 더 이상 별개의 앎이 아니라 유일한 삶의 과정을 구성합니다. 두 개의 초점을 지녔지만 하나의 선으로 둘러진 타원처럼 말입니다. 이것은 주체-객체 체계로는 이해할 수 없습니다. 여기서 두 개의 주체가 서로의 안으로 반영되지만 동일한 주체는 아닙니다. 포괄적으로 감싸는 하나의 주체는 성령 안에서 성부와 성자의 절대적인 상호 반영 안에서 살기에 세상 그 어디서도 감지할 수 없는 친밀감의 토대를 제공하기 때문입니다.

이렇게 주어진 '서로의 안에 있음'의 가능성은 성자께

서 성체성사 안에서 당신 자신을 내어주시면서 완성됩니다. "내 살을 먹고 내 피를 마시는 사람은 내 안에 머무르고, 나도 그 사람 안에 머무른다. …… 내가 아버지로 말미암아 사는 것과 같이, 나를 먹는 사람도 나로 말미암아 살 것이다."(요한 6,56-57)

이러한 상호 내재는 계속 언급됩니다(요한 14,10-11.20; 1요한 3,24; 4,13.15-16 참조). 이러한 여러 표현에서 '있음'이 '머무름'으로 대체된다는 점은 주목할 만합니다. 사랑하는 앎이 서로 안에 있음은 더 이상 중재자 없이 시선이 서로 안에 있을 때 최종적인 것이 됩니다. 아우구스티노는 이것을 '바라보는 이를 바라봄videntem videre'이라는 말로 탁월하게 표현합니다.

이러한 상호성의 빛에서 이미 말한 바와 같이 '대상적 특징'은 사라집니다. 우리는 신앙 안에서 하느님을 바라보고 언젠가 영광 속에서 그분을 뵙지만, 그분을 어떤 사물처럼 보는 것이 아닙니다. 신학자들이 말하듯이 하느님의 영광의 광채는 이미 우리 안에 있고 우리의 눈을 초자연

적으로 태양과 같이 만듭니다. "당신 빛으로 저희는 빛을 봅니다."(시편 36,10)

영지주의의 영원한 이단은 하느님을 인식 가능한 지식의 대상으로 만들어 스스로 절대적이라고 착각하는 인간의 이성이 해부할 수 있는 대상으로 만들려는 것입니다. 만일 하느님이 우리 이성의 대상이 된다면, 하느님께서는 그분의 눈빛을 통해 내가 그분의 빛을 알아보는, 나를 바라보시는 눈이 더 이상 아닙니다. 그렇게 되면 나는 나의 독자적인 빛으로 그분을 바라보면서 나의 유한한 앎의 방식을 절대적인 것으로 확장하고 내가 하느님과 무관한 개체로 사라지도록 애쓸 따름입니다. 하지만 그래서는 안 됩니다. 하느님은 나를 아시는 분으로 머무르십니다. 신학자 프란츠 폰 바더Franz von Baader가 남긴 표현은 여전히 유효합니다. "하느님에 의해 알려졌기 때문에 나는 존재한다cogitor (cognoscor), ergo sum."

바오로 사도는 이러한 기본 관계를 새롭고 분명히 표현합니다. "지식은 교만하게 하고 사랑은 성장하게 합니다.

자기가 무엇을 안다고 생각하는 사람은 마땅히 알아야 할 것을 아직 알지 못합니다. 그러나 하느님을 사랑하는 사람은, 하느님께서도 그를 알아주십니다."(1코린 8,1-3)

인식하면서 정보를 알고 있다고 여기고 절대라는 논리적이며 변증법적 체계를 세우는 지식(=영지)은 인위적으로 '부풀려진' 것일 따름입니다. 모든 것은 하느님에 대한 사랑에서 시작합니다. 그리고 이 사랑에서 인간의 갈망을 채우는 진정한 앎이 나옵니다. 하느님께서는 당신을 사랑하는 이를 진정으로 아시며 이 진정한 앎을 그에게 반드시 전달하십니다. "나는 이미 그것을 얻은 것도 아니고 목적지에 다다른 것도 아닙니다. 그것을 차지하려고 달려갈 따름입니다. 그리스도 예수님께서 이미 나를 당신 것으로 차지하셨기 때문입니다."(필리 3,12)

이와 동일한 반전이 이제 하느님에게서 그리스도에게로 옮겨졌습니다. 다마스쿠스로 가는 길에 놀랍게 드러났듯이 '차지됨'은 사실상 이미 '알려짐'이고 '알려진' 사람은 이미 '알고 있는' 사람과 어느 정도 같습니다. 그는 자신의 앎에 대해 숙고하는 것이 아니라 유일한 삶의 움직임 안에서, 다시 말해 진정 '차지됨' 안에서, 자신을 차지한 분을 향해 노력합니다.

완전해지는 것은 다른 곳에서 묘사됩니다. "내가 지금은 부분적으로 알지만 그때에는 하느님께서 나를 온전히 아시듯 나도 온전히 알게 될 것입니다."(1코린 13,12)

이 땅에 살면서 중요한 것은 지식의 완전함이 아니라 사랑의 완전함입니다. 사랑은 그 어떤 것보다도 높이 평가되고 칭송받습니다. 우리가 지닌 지식의 단편성은 이미 나를 알고 계신 분을 향해 앞만 보고 달려가는 사랑의 경주에서 채찍질과 같습니다. 하느님 편에서 보면 그분께서는 나를 긍정하시고 사랑으로 뽑아 주셨습니다. 여기서 바오로 사도는 주저하지 않고 사람에 의한 하느님의 최종적인 앎을 하느님을 통해 사람이 알려져 있음과 동일시합니다. 이는 사랑하는 통찰이 직접적으로 서로 안에 있다는 요한 사도의 내재적 표현이 의도하는 바와 일치합니다. "그러나 지금은 여러분이 하느님을 알게 되었습니다. 아니, 하느

님께서 여러분을 알아주셨습니다."(갈라 4,9)

우리는 순전히 세상의 앎이 지닌 어두움에서 하느님 앎의 빛으로 들어왔습니다. 그리고 이것은 우리가 하느님에 의해 언제나 미리 알려진 덕분입니다. 거듭 말하지만 이러한 알려짐은 사랑받고 있음이자 선택되어 있음입니다. 오직 이를 통해서만 하느님에 대한 새로운 앎이 이루어질 수 있었습니다. 그러므로 우리가 하느님을 아는 것은 바로 하느님의 창조 행위입니다. "'어둠 속에서 빛이 비추어라.' 하고 이르신 하느님께서 우리 마음을 비추시어, 예수 그리스도의 얼굴에 나타난 하느님의 영광을 알아보는 빛을 주셨습니다."(2코린 4,6)

다마스쿠스로 가는 길에서 바오로 사도에게 앎이 드러났듯이, 빛은 물리적으로만 드러난 것이 아니라 그의 내면에서, 그의 마음의 고유한 앎 속에서 비쳤을 것입니다. 앎과 알려짐의 단일성을 이보다 더 심오하고 친밀한 방식으로 표현할 수 없습니다. 하지만 이 모든 것에는 범신론의 흔적이 없습니다. 왜냐하면 피조물의 경외심이 하느의 앎과 거리를 두기 때문입니다. 예수님께서 하신 찬송이 이를 단번에 확정합니다.

"아버지, 하늘과 땅의 주님, 지혜롭다는 자들과 슬기롭다는 자들에게는 이것을 감추시고 철부지들에게는 드러내 보이시니, 아버지께 감사드립니다. 그렇습니다. 아버지! 아버지의 선하신 뜻이 이렇게 이루어졌습니다. …… 아들 외에는, 그리고 그가 아버지를 드러내 보여 주려는 사람 외에는 아무도 아버지를 알지 못한다."(마태 11,25-27)

성령 안에서 이루시는 성부와 성자의 상호적인 완전한 앎(루카 복음서 10장 21절에서 예수님께서는 성령 안에서 말씀하십니다)이 하느님을 통한 인간에 대한 모든 앎과 인간을 통한 하느님에 대한 모든 앎의 기준입니다. 하지만 삼위일체의 앎의 순환 속에 오직 단순한 신앙인만 들어올 수 있습니다. '눈이 맑은 이'(루카 11,34 참조), 스스로 '비천한 종'의 상황에 처해 있음을 아는 이(루카 1,46-48 참조)에게만 알려지고, 그런 이들에게 호세아 예언자가 말하는 '하느님에 대한 앎'이 주어집니다.

제2부

우리는 예수님을 아는가?

이 장에서는 예수님에 대한 다양한 관점을 다루고, 예수님을 온전히 이해하려면 어떠한 시각을 지녀야 하는지 설명한다. 부활을 체험한 초기 그리스도교 공동체는 예수님을 십자가에서 수난을 겪고 죽은 이들 가운데에서 일으켜지신 분으로 체험했고 이 사실을 성경에 기록했다. 하느님께서는 당신 자신을 계시하셨고, 인간은 그분을 믿었다. 18세기 계몽주의 시대 이후에 예수님에 대한 객관적인 지식을 얻고자 하는 의도에서 역사적 예수에 대한 연구가 시작되었는데 그 과정에서 적지 않은 이들이 예수님에 대한 지식을 그분에 대한 신앙에서 분리하고자 했다. 그들은 이성이 설명하기 어려운 예수님의 기적, 마귀를 내쫓으심, 부활, 승천 등을 축소 해석하거나 그것을 예수님의 언사가 아니라 후대에 가필된 것으로 여겼다.

하지만 이는 예수님에 대한 신약 성경의 증언을 파괴한다. 이러한 부정적인 현상에 마주해서 성경 연구를 거부하는 근본주의적 입장이나 문자주의적 해석을 택해야 한다는 것은 아니다. 진지한 학문적 연구는 신앙의 자세를 포기하지 않을 때에야 비로소 신앙 고백을 풍요롭게 할 수 있기 때문이다.

예수님을 바라보는 다양한 관점이 있음을 인정해야 한다. 이는 신비를 온전히 파악하고 점유할 수 있다는 환상에서 인간을 보호한다. 다양한 관점은 서로를 보충하며 성경의 모든 증언 역시 서로 연결되어 있다. 그리스도론의 여러 관점은 예수님의 신비로운 충만함을 제시할 수 있다. 긴장을 해체하는 단편적인 입장이 아니라 전체성을 인정하는 가운데 그분에 대한 신앙으로 예수님을 알 수 있는 것이다.

제1장

사람을 안다는 것과 사실을 안다는 것

1. 앎이 넘칠 때

부활의 공동체는 부활하신 주님을 사람들 가운데 사셨고 그들을 위해서 십자가에서 수난을 겪으시고 성부에 의해 죽은 이들 가운데서 일으켜지신 분으로 알았습니다. 그들의 신앙 고백에서, 예수님을 아는 그들의 신앙에서 그들은 우리가 예수님에 관해 지닌 비길 데 없는 증언을 서간과 기록, 예수님 수난기와 그분의 생애 이야기를 통해 남겼습니다. 그 안에 의미를 부여하는 계시와 의미를 부여받는 믿음이 상호적으로 반영됩니다.

이 원자를 폭파하길 원한다는 것은, 그로부터 어떤 에너지도 방출되지 않도록 그것을 망가뜨린다는 것을 의미합니다. 신약 성경의 증언은 신뢰할 만한 인물, 즉 예수님을 하느님의 계시자로 제시합니다. 이 인물은 믿음의 눈으로 바라볼 때만 볼 수 있고 유효합니다.

믿음이 무너지면 육신을 지닌 이 입체적인 형상은 실체가 없는 유령으로 녹아내립니다. 예수님의 존재에 대한 '속된', '순수 역사적인' 관찰 방식을 거부하는 바오로 사도는 바로 이것에 대해 말합니다. 바오로 사도에 따르면 그리스도의 죽음과 부활을 통해 존재적으로 변화된 사람을 우리가 계속해서 순수 자연적 또는 순수 심리학적으로 알고 판단할 수는 없습니다.

"우리는 그리스도를 속된 기준으로(카타 사르카 kata sarka, 육에 따라) 이해하였을지라도 이제는 더 이상 그렇게 이해하지 않습니다."(2코린 5,16)

바오로 사도에게 유효한 것은 부활 이전에 예수님을 알

앉던 신약 성경 저자들에게서 일부 유래한다고 할지라도 모든 신약 성경의 증언에 유효합니다. 당시에 이들이 온전한 부활 신앙을 지니지 못했을지라도 말입니다. 이 때문에 그들은 자신들이 전에 알아듣지 못했음을 인정하고 그 사실을 강조합니다(루카 18,34 참조). 그럼에도 예수님의 말씀을 따라 '모든 것을 버리고 그분을 따랐던' 그들은 예외 없이 그분을 향한 길에 있었습니다.

계몽주의 시대까지 그리스도교는 신앙의 힘으로, 자신이 바라본 예수님에 대한 시선의 힘으로 살아왔고 이를 바탕으로 성장했습니다. 또한 공의회, 공식적인 가르침, 신학이 있었습니다. 특히 성인들은 예수님을 보호하고 그분을 온전히 해석하는 것 외에는 염두에 두지 않았습니다. 이 사실을 분명히 알아야 합니다.

유럽 대륙보다 영국에서 더 일찍 시작되었으며 교회의 혼란과 종교 전쟁의 결실이라고 할 수 있는 계몽주의 시대 이후, 비로소 예수님에 대한 '중립적인 지식'을 얻기 위해 신앙의 대상인 인물과 신앙 고백의 연결을 해체시키는 시도가 감행되었습니다. 철학자 헤르만 라이마루스Hermann Reimarus와 고트홀트 레싱Gotthold Lessing에서 다비드 슈트라우스David Strauss와 에르네스트 르낭Ernest Renan을 거쳐 불트만에 이르는 이러한 붕괴의 역사를 여기서 다시 설명할 필요는 없습니다. 사람들은 불트만이 한 말을 알고 있습니다(불트만은 나름 신심이 깊었음에도 다음과 같이 말했습니다). "예수님의 마음 안에서 일어난 것을 저는 모를 뿐만 아니라 알고자 하지도 않습니다."

여기서는 지금까지 나타난 예수님에 대한 '중립적인 지식'을 요약하여 제시할 것이며 그것만으로도 충분합니다. 예수님의 부활은 (라이마루스가 생각했듯이) 제자들이 꾸며 낸 거짓말이라기보다, 설명하는 이들이 꾸밈없으면서도 상호 모순적인 방식으로 과장한 영적인 '경험'이었을 것입니다. 이 경험에는 빈 무덤 이야기도 속합니다. '승천'은 우리에게 더 이상 의미를 지니지 않는 고대 세계상을 전제합니다.

예수님께서는 기적을 하나도 행하지 않으셨거나 거의

행하지 않으셨습니다. 자연적인 치유력이 기적을 설명하기에 충분합니다. 그분께서 악령을 쫓아내셨다는 것은 유감스럽게도 당시에 널리 퍼진 미신 때문이었습니다.

예수님께서 하신 이야기는 편집자들이 그분의 진술을 조합하고 보충한 것으로 편집자들은 종종 그 의미를 바꾸었습니다. 예수님께서는 당신의 끔찍한 죽음을 거의 예견하지 못하셨고, 늦게에서야 비로소 예견하셨습니다. 그분께서는 당신 죽음이 지니는 구원의 의미는 물론이고 이스라엘의 경계를 넘어서는 보편적 효력은 더더군다나 알지 못하셨습니다. 그렇기에 모든, 혹은 거의 모든 수난 예견은 부활 이후에 기술되었습니다.

복음서 및 성체성사 제정문에 있는 '희생 제물', '속죄', '대속' 등 모든 단어는 나중에 추가되었습니다. 예수님께서 생전에 하느님의 현재적 은총 및 죄인들과 소외된 이들과의 연대를 선포하셨기 때문에 그분께서는 심판의 위협을 말씀하지 않으셨으며 적어도 부활 이전에는 어떤 죄도 용서하실 수 없었습니다.

십자가는 죄인들과 예수님(과 하느님)의 연대성을 나타내는 강렬하고도 최종적인 상징일 뿐, 그 이상은 아니었습니다. 이를 넘어서는 모든 진술은 '후대의 신학'(이상하게도 요한 사도의 신학뿐만 아니라 바오로 사도의 신학도 거기에 포함됩니다)에 속하며, 이에 따라 신중한 태도로 다루어야 합니다.

예수님의 유년 사화도 전설적입니다. 이 사화에는 일정한 신학적 가치는 있지만 역사적 가치는 없습니다. 본문의 의미에 가까워 보임에도 왜 예수님께 친남매가 없어야 했을까요? (물론 이로써 마리아 교의가 무력화됩니다.)

무엇이 남습니까? 결국 예수님은 예언자적인 교사이자 도덕가일 뿐이라는 사실만 남습니다. 예수님의 이러한 모습을 통해 오늘날 유다교와 대화가 용이하게 되고 모든 예수주의 형태를 향한 길이 열립니다.

요한 복음서 서문, 전례, 니케아에서 에페소, 칼케돈에 이르는 공의회에서 예수님을 '하느님' 또는 '하느님의 아드님'으로 부르는 것은 경건함을 담은 과장된 표현으로 헬

레니즘 사상이 들어오면서 야기된 것일 수 있습니다. 예수님이 하느님을 당신 또는 아빠로 부른 유일한 사람이지만, 그분께서 하느님으로서 그렇게 하실 수는 없었습니다. 왜냐하면 예수님의 유일한 의식 안에 성부와 자신을 '당신과 나'의 관계로 이해할 공간이 없기 때문입니다.

앞에서 예로 언급된 여러 주장은 주로 19세기 개신교의 자유주의 신학에서 비롯되었으며 오늘날 가톨릭 성경 주해와 신학에서도 단편적으로 혹은 학설로 유행하고 있습니다(오늘날 개신교의 연구는 전반적으로 더 신중해졌습니다). 하지만 이를 통해 우리는 사실상 폐허, 즉 신약 성경에서 증언된 인물의 파괴를 직면합니다. 가톨릭 신학자들이 이러한 정신 분열적 태도를 참으면서 학생들에게 이 인물을 전제로 하는 교회의 신앙을 고백하는 동시에 신앙 고백을 해체하는 그들의 '지식'을 수용하라고 권하는 것은 도무지 이해할 수 없습니다.

그렇다면 여기서 무비판적인 근본주의와 성경 문자주의로 급격하게 귀환이 이루어져야 할까요? 절대 그럴 수 없습니다. 진지한 연구는 그것이 신앙의 자세에서 벗어나지 않을 때, 오히려 그 요소가 초기 그리스도인들의 신앙에서 형성된 전승의 흐름이 어떻게 모이고 채워지고 다양한 특징적 형태를 얻는지 보여 주고자 몰두할 때, 예수라는 인물에 대한 신앙 고백을 풍요롭게 할 수 있다는 사실을 입증합니다. 물론 여기서 의심의 여지없이 조명하는 부활의 빛이 성령의 해석 아래 대표적이며 기준이 되는 그리스도 사건의 전체 모습이 형성될 때까지 이전의 관계를 되비춥니다.

이러한 전체 모습이 다양한 관점을 통해서 핵심 현상에 접근하는 것은 주목할 만합니다. 이는 인간의 직접적인 점유를 막기 위해 필요합니다. 그렇지 않으면 인간은 성경의 본문을 육을 지닌 말씀을 가리키는 것으로 보지 않고, 문자를 육화된 하느님 말씀의 몸과 동일시할 것입니다.

이러한 관점의 다양성이 결코 신약 성경 신학의 '다원주의'를 의미하지 않습니다. 다원주의는 이러한 신학적 여러 출발점이 서로 일치하지 않는다는 잘못된 인상을 유발

합니다. 하지만 사실상 신학적 여러 관점은 마치 동일한 조각상을 다양한 각도에서 관찰하면서 그에 대한 지식을 더하며 보충하는 새로운 시각을 제공하듯이 긴장 속에서 서로 보충합니다.

이렇게 서로 풍요롭게 하는 바라봄이 예수님을 알도록 하듯이 예수님에 대한 '앎' 안에는 점진적으로 발전하는 또 다른 '앎'을 위한 여지가 충분히 있습니다. 이러한 앎은 다양한 관점과 인물의 입체성을 증대할 수 있습니다. 하지만 앎이 넘쳐나면서 인물의 전체성에 대한 관심과 무관하게 시험관 안 조직처럼 지식이 증식한다면, 이 과정에서 자신의 가정(이 가정을 넘어 이론이 되는 경우는 거의 없습니다)을 신앙 고백과 동등하게 여기거나 심지어 우월하게 여길 위험이 발생할 수 있습니다.

2. 인물의 전체성

여기서도 진리를 전체라고 말할 수 있습니다. 정경 안에 또 정경이 있는 것이 아닙니다. 가장 오래된 본문이 진리에 가장 가까이 있는 것은 아닙니다. 후대의 것, 아니 가장 후대의 본문도 마찬가지로 숙고된 형태로 진리를 제시할 수 있습니다. 필레몬에게 보낸 서간과 같이 부수적으로 보이는 성경에서도 그리스도교의 생생한 진리에 대한 빛나는 증언을 찾을 수 있습니다. 어떤 부분도 자체로 완결될 것이 아니라 몸속에 살아 움직이는 기관처럼 다른 모든 기관과 연결되어 있습니다.

각 복음서는 나머지 다른 복음서를 가리킵니다. 바오로 사도는 복음서들을 전제하고 사도행전은 복음서들을 이어 갑니다. 에페소 신자들에게 보낸 서간이 콜로새 신자들에게 보낸 서간보다 한 걸음 더 나간다면 그것은 이미 그 안에 있는 핵심이 전개되는 것일 뿐입니다. 그것은 콜로새 신자들에게 보낸 서간이 로마 신자들에게 보낸 서간이나 갈라티아 신자들에게 보낸 서간이나 코린토 신자들에게 보낸 서간을 전제하는 것과 마찬가지입니다.

율법이 오용된 것에 대한 바오로 사도의 반박은 바리사이인들에 대한 예수님의 꾸짖음을 반향할 뿐입니다. 만일 바오로 사도가 율법을 그 자체로 거룩하고 좋은 것이라고 지칭한다면 그는 산상 설교를 이어 가는 것입니다. 다른 개념을 염두에 두고 실천을 보여 주는 믿음을 요구하는 야고보 사도는 바오로 사도나 예수님의 의견에 반박하지 않습니다.

신약 성경의 모든 증언은 깊은 숲 땅속의 여러 뿌리처럼 서로 연결되어 있습니다. 증언 사이의 긴장은 증언이 지니는 엄청난 긴장을 충실히 반영합니다. 이 긴장을 완화하려는 시도는 예수라는 인물에 대한 신뢰를 손상시킵니다. 르낭의 목가적인 예수나 불트만의 창백한 예수를 떠올려 보십시오.

신비에 가득 찬 예수님이라는 인물의 충만함에 충실하기 위해서는 여러 그리스도론적 단초가 필요합니다. 예수님께서 예언자, 사제, 메시아, 스승, 그리고 주님의 종에서 그 모습을 이미 보인 희생자와 하느님에게서 파견된 심판자 등 약속의 모든 구상을 완성하시기 때문에도 그렇습니다.

같은 증언이 겉으로는 대립하는 것처럼 보일 수도 있습니다. 진리 안의 긴장이 그것을 요구하기 때문입니다. 요한 복음서에서 똑같은 예수님께서 당신이 심판하러 오신 것이 아니라고 하시면서도 당신이 심판하신다고 하실 수 있고, 또 그래야 합니다. 왜냐하면 예수님의 존재, 그분의 말씀이 결단을 요구하고 구분하기 때문입니다. 스스로 실천하시는 절대적인 사랑의 새로운 계명을 우리에게 주시는 분께서 사랑하지 않음에 대해 혹독하게 말씀하십니다. 예수님께서는 말씀이시며 그 말씀은 그것을 준비하는 모든 예언자의 말을 뛰어넘습니다. 참으로 '쌍날칼'과 같습니다.

이전에 하느님의 말씀은 위로부터 내려와 사람들을 통해 때로는 위협도 했고 때로는 위로나 희망에 찬 약속을 하면서 반복되었습니다. 이제 그 말씀은 강생한 말씀으로서 그 위에 떨어지는 이는 부서지고, 그에 맞는 이는 으스러질(루카 20,18 참조) 위험한 돌이 되었습니다. 예수님을 대하는 사람의 태도가 그의 영원한 운명을 결정합니다(마르 8,38 참조). 예수님께서 말씀하시는 '나', 계명을 주는 '나'는 주 하느님(야훼)의 '나'와 동등한 위엄을 지닙니다.

또한 한 사람이 하느님 앞에서 자신을 다 파내고 투명하게 만들어 하느님께서 마치 악기를 통해 하시듯 그를 통해 소리를 내신다고(이것이 강화된 영지주의일 것입니다) 결코 말할 수 없습니다. 왜냐하면 예수님의 인간성이(예수님은 '먹보요 술꾼'이라고 불렸습니다) 명백히 강조되기에 그분의 신적인 요구는 반복적으로 또 심각하게 사람들을 불편하게 합니다.

복음서에서 나타나는 예수님의 여러 특징이 한 얼굴을 판독할 수 있는 특징으로 통합되기에는 너무나 모순적이라는 말은 맞지 않습니다. 위엄과 겸손의 일치가 예수님께서 수행하신 사명을 신뢰할 수 있게 만듭니다.

이 일치는 제자들과 많은 사람들을 매료시키면서도 일단은 도저히 이해할 수 없는 것으로 남습니다. 부활 이전에는 단초로만 존재할 수 있었던 이러한 매혹을 완전한 믿음으로 변화시키려면 십자가와 부활 사이의 극도의 긴장감과 그 밀접한 연관성에 대한 점진적인 이해가 필요할 것입니다.

하지만 이 일치가 파악되자마자 바오로 사도는 모든 그리스도인의 실존을 이러한 긴장의 기준 아래에 있는 그리스도교적 실존에 세웁니다. 그 기준은 그리스도와 함께 십자가에 달리고 죽고 묻히고 새로운 생명으로 부활한 것입니다. 생명을 스스로 부지하는 것이 아니라 죽고 하느님에 의해 부지되도록 하며(필리 3,10-11.13-14 참조), 죽는 동시에 사는 것입니다(2코린 4장 참조). 예수님을 따르는 원칙에서 이 기준이 지닌 힘이 증명됩니다.

예수님의 삶, 말씀, 활동 안에 있는 긴장은 그분께서 당신의 '시간'으로 여기시는 것, 아버지의 '시간'인 동시에 어둠의 '시간', 즉 십자가와 부활에서만 이해할 수 있습니다.

요한 복음서는 십자가와 부활을 묶어 예수님께서 지상에서 '들어 올려진' 것으로 바라봅니다.

그렇기에 우리는 (사건을 대수롭지 않게 만드는 모든 심리학을 거슬러) 예수님께서 실제로 당신의 '시간'을 향해 사셨고, 당신 사명의 절정, 매듭 및 해결책을 의식하는 가운데 용감하게 가장 달콤하거나 쓰라리고 도발적인 말씀을 하셨다고 말할 수 있습니다.

문제를 과도하게 단순화하는 사람만 여기서 놀란 이들을 달래는 가정을 내놓으려 할 수 있습니다. 그 사람에게 "사탄아, 내게서 물러가라." 하는 말씀이 유효합니다. 그렇게 해서는 안 됩니다. 사실 드라마 전체는 1막부터 이미 5막을 향해 쓰였습니다. 성경의 여러 증언은 이것을 이야기하며, 그렇기 때문에 이 드라마는 하느님의 예술 작품입니다. (그것이 증언된 것과 달랐을 것이라고 생각하면서) '사실상 어떠했는지 지식으로만 알고자' 하는 이는 막다른 골목을 만납니다. 이와 반대로 증언된 얼굴을 바라보는 이는 그것을 '압니다.'

"내가 이토록 오랫동안 너희와 함께 지냈는데도, 너는 나를 모른다는 말이냐?"(요한 14,9)

**HANS URS VON
BALTHASAR**

이 장에서는 예수님이 하느님을 해석하시는 분이며, 예수님을 통해 하느님 사랑과 심판의 본질을 이해할 수 있음을 언급한다. 하느님의 아드님이신 예수님께서는 하느님을 최종적으로 해석하신다. 하느님께서는 한편으로 사람들에게 알려지기를 원하신다. 하지만 다른 한편으로 그분은 인간 개념에 담겨질 수 없다. 그렇기 때문에 어떠한 정의와 칭호도 예수님을 다 담아 낼 수 없다. 사람들이 당신을 파악하도록 하시는 예수님께서는 동시에 그들을 벗어나시고, 사람들 가운데 현존하면서 동시에 부재하신다. 예수님의 떠나감과 부재는 부활 후 현양될 분이 지니실 모습을 미리 보여 주며, 이는 당신 백성을 동행하면서도 인간에게 사로잡히지 않으시는 주 하느님의 모습을 반영한다.

예수님께서는 하느님의 마음과 사람의 마음 사이의 직접적인 만남을 드러내신다. 하지만 이는 결단 앞에 선 인간에게 늘 두 가지를 의미한다. 그분의 성체성사, 십자가, 사랑의 불, 그리고 그분 자신은 지극한 은총인 동시에, 그분을 거부하는 이들에게 심판을 초래한다. 바로 그분에게서 사랑의 마지막 제안이 이루어진다. 우리가 예수님에게서 하느님 사랑의 현존과 논리를 알아볼 때 예수님을 바로 알게 된다. 인간의 언어로 하느님을 해석하시는 예수님에게서 영원하신 하느님의 이미지가 드러난다. 그러므로 예수님을 아는 이는 삼위일체 사랑의 신비로 들어갈 수 있다.

제2장

하느님의 해석자인 예수님

1. 파악 불가능한 인물[*]

지금까지 '예언자들을 통하여 여러 번에 걸쳐' 말씀하셨던 하느님께서 마지막에 아드님이라는 유일한 말씀에 당신 자신을 요약하고 단순화하셨다면(히브 1,2 참조), 이 말씀이 사람이 되신 하느님의 말씀이라면(요한 1,14 참조), 이

---

[*] 이 글은 〈Die Abwesenheiten Jesu〉, 《*Neue Klarstellungen*》(1979년) 28쪽 이하를 참조하라. 또한 다음 글도 보라. 〈Woran man sich halten kann〉, 《*Geist und Leben*》 41(1979년) 246-258쪽.

말씀, 즉 아드님은 또한 하느님의 최종적인 해석이어야 합니다. "아무도 하느님을 본 적이 없습니다. 아버지 품에 기대어 계신 외아드님께서 그분을 해석하셨습니다."(요한 1,18의 해석).

하지만 아무도 본 적 없는 하느님을, "다가갈 수 없는 빛 속에 사시기에 어떠한 인간도 뵐 수 없는"(1티모 6,16) 하느님을 사람이 '해석할' 수 있습니까? 다시 말해 사람이 하느님을 이해할 수 있게 만들 수 있습니까? "그대가 이해했다면 그것은 하느님이 아니다." 하고 교부들은 종종 말했습니다. 하지만 하느님께서 사람과 계약을 맺으시고 이 계약을 예수 그리스도 안에서 완성하신다면 그분께서는 사람들에게 알려지고 인식되기를 원하셨을 수밖에 없습니다. 우리는 이미 예수님에 대한 우리의 앎 속에서 완성되어야 할 이러한 하느님에 대한 앎을 이야기했습니다.

하지만 하느님은 본질적으로 인간의 개념으로 파악할 수 없으며, 그분께서 당신을 내어주면서도 그분을 파악하려는 모든 시도에서 물러나신다면, 이것은 해석자의 존재에서 분명하게 드러나야 합니다.

일단 예수님께서는 확정하는 모든 정의와 칭호에서 벗어나십니다. 베드로 사도가 부여하는 메시아라는 칭호가 널리 알려져서는 안 됩니다. 바로 이어지는 사건이 베드로 사도가 칭호의 참된 내용을 오인한다는 사실을 보여 줍니다(마르 8,29-33 참조). 나타나엘이 미리 예수님께 부여한 칭호들(요한 1,49 참조)은 '더 큰 일'을 보게 되리라는 말씀으로 능가됩니다. 예수님께서 빌라도 앞에서 '왕'이라는 칭호를 인정하실 때도 이 세상의 다른 모든 왕과 구별되는 조건이 붙습니다. 그럼에도 예수님께서는 제자들에게 당신의 신원을 물으십니다. 어떤 범주도 예수님께 맞지 않는다고 할지라도 제자들은 사람들이 그분께 부여하는 모든 이름을 넘어 이 신원을 찾아야 합니다. 부활 이후 예수님께 붙여진 모든 이름은 능가할 수 없는 그분의 지고함을 가리키는 역할을 할 것입니다.

그렇다면 예수님은 문자적 의미에서 파악 불가능한 인물입니다. "나를 더 이상 붙들지 마라." 하고 부활 아침 마리아 막달레나에게 하신 말씀과 "보지 않고도 믿는 사람은 행복하다." 하고 토마스 사도에게 하신 말씀 등은 예수님께서 사람으로 사셨음에도 불구하고 그분께 고유한 것이 무엇인지 확인시켜 줍니다. 예수님께서는 아기인 당신을 죽이려는 헤로데를 벗어나십니다. 그분께서는 당신을 벼랑으로 떨어뜨리려는 나자렛 사람들, 당신을 죽이기 위해 돌을 집어 든 유다인들, 빵으로 배부르게 되자 당신을 왕으로 만들려는 이들을 떠나가십니다. 예수님께서는 늘 당신을 뒤쫓는 군중을 벗어나십니다. '죄인들의 손에 넘겨질 그분의 시간'이 왔을 때에야 비로소 당신이 붙잡히도록 하십니다.

하혈하는 여인이 예수님의 옷에 손을 대듯이, 죄 많은 여인이 그분의 발에 입맞춤하듯이, 베타니아의 마리아가 그분의 발에 향유를 붓고 닦듯이, 군중이 그분을 물에 빠질 지경으로 밀쳐 대기에 그들을 가르치기 위해 거룻배 한 척을 마련해야 했듯이 예수님은 파악될 수 있는 분이자 만져질 수 있는 분으로 남는 것을 이 사실이 막지는 않습니다. 예수님께서는 이미 지상 생활에서 사람들에게 당신을 내어주시며 그들에게서 벗어나는 신비에 가득 찬 어떤 것을 지니셨습니다. 물 위를 걸으시는 예수님을 생각해 보십시오. 그 어떤 것은 그분께서 부활하신 분으로 지니게 될 것입니다. 변모하신 예수님은 어떤 초막에도 갇히지 않으시며 율법 학자들에게 질문 공세를 받으시는 예수님은 어떤 덫에도 걸리지 않으십니다.

예수님께서 사람들 가운데 지속적으로 현존하시는 가운데 부재하신다는 세 번째 특징도 있습니다. 처음에 예수님은 단순히 알려지지 않으신 분입니다. "너희 가운데에는 너희가 모르는 분이 서 계신다."(요한 1,26) 예수님께서는 당신 땅에 오셨지만 '받아들여지지 않으시고' 사람들은 그분을 '알아보지 못합니다.'(요한 1,11 참조) 열두 살 소년 예수님은 사람들 가운데 계시지 않지만 그분의 부모는 그 사실을 파악하지 못합니다(루카 2,43-45 참조). 공생활의 시작에 예수님께서는 기도하기 위해 외딴 곳으로 가십니다. 제자들은 "모두 스승님을 찾고 있습니다." 하고 말하지만 예수님께서는 "다른 이웃 고을들을 찾아가자." 하고 말씀하십니다(마르 1,37-38 참조). 그분께서는 늘 새로이 '건너편' 호수로 건너가신다는 사실이 알려집니다.

그러고는 마침내 당신이 떠나시고 사람들은 그분을 더 이상 찾지 못할 것이라고 선포하십니다. 이것은 수수께끼입니다. "저 사람이 어디에 가려고 하기에 우리가 자기를 찾아내지 못한다는 말인가? 그리스인들 사이에 흩어져 사는 동포들에게 가서 그리스인들을 가르치겠다는 말인가?"(요한 7,35), "'내가 가는 곳에 너희는 올 수 없다.' 하니, 자살하겠다는 말인가?"(요한 8,22) 예수님께서는 제자들에게도 마찬가지로 말씀하십니다. "얘들아, 내가 너희와 함께 있는 것도 잠시뿐이다. 너희는 나를 찾을 터인데, 내가 유다인들에게 말한 것처럼 이제 너희에게도 말한다. '내가 가는 곳에 너희는 올 수 없다.'"(요한 13,33)

이별은 매우 분명히 표현됩니다. "이제 나는 …… 간다. 그런데도 '어디로 가십니까?' 하고 묻는 사람이 너희 가운데 아무도 없다."(요한 16,5), "너희가 나를 사랑한다면 내가 아버지께 가는 것을 기뻐할 것이다."(요한 14,28) 마침내 내재와 초월의 위대한 리듬만 남습니다. "나는 아버지에게서 나와 세상에 왔다가, 다시 세상을 떠나 아버지께 간다."(요한 16,28)

떠나감과 부재는 고통스럽게 강조될 수 있습니다. 어머니는 공생활 내내 홀로 내버려지고 아들을 방문해도 맞아들여지지 않습니다(마태 12,46-48 참조). 그리고 점점 더 어두워집니다. 예수님께서는 베타니아 자매들의 간절한 도움 요청에 답하지 않고 당신의 친구 라자로가 죽게 내버려 두십니다. 처음에는 마르타에게서(요한 11,21 참조), 나중에는 마리아에게서(요한 11,32 참조) "주님, 주님께서 여기 계셨더라면 제 오빠가 죽지 않았을 것입니다." 하는 원망 섞인 말을 들으셔야 했습니다.

이 모든 것은 부활 이후 변화된 주님의 모습을 나타내는 서곡입니다. 예수님께서는 가까이 계시고 이웃과 같으며 당신을 만져 보라고 하시고 제자들과 함께 식사까지 하십니다(루카 24,38-43; 요한 20,27; 21,13 참조). 예수님께서는 오랫동안 알려지지 않은 채로 제자들과 함께 걷고 그들에게 구세사의 의미를 설명해 주시는 반면, 제자들이 당신을 알아보는 순간 사라지실 수도 있습니다(루카 24,15-31 참조). 복음서를 맺는 것은 파견의 말씀입니다. '아포스톨로스Apostolos'('아포'는 '누구로부터', '스톨로스'는 '파견된 이'), 즉 사도는 누군가로부터 파견된 이입니다. 예수님 당신 자신이 아버지에게서 파견되신 것처럼(요한 20,21 참조) 이러한 '파견' 속에서 파견된 이를 파견하시는 분이 동행하십니다(마태 28,20 참조).

이러한 '현존'과 '파악할 수 없음'의 동시성은 하느님께서 당신 계약에 충실하시고 당신 백성과 함께하시면서도 어떤 인간적인 방법으로도 마음대로 조종하거나 사로잡을 수 없는 그분의 존재 방식을 궁극적으로 보여 줍니다.

예수님께서는 하느님을 그러한 분으로 해석하십니다. 그분께서는 율법과 예언서에서 사람들이 알고 있는 바와 연결하여 두 방향에서 더 나가는 당신의 가르침에서 하느님을 해석합니다. 이 두 방향은 하느님의 마음과 사람의 마음, 그리고 새롭고 영원한 계약에서 이루어지는 둘 사이의 직접적 만남을 드러냅니다. 율법의 실천이 사람을 하느님께 더 가까이 이끌지 않습니다. 중요한 것은 마음을 다하는 아브라함의 원초적인 신앙입니다. '율법에서 가장 중요한 것'은 '의로움과 자비와 신의'(마태 23,23 참조)입니다. 하느님의 마음은 이러한 '가장 중요한 것'에서 드러납니다. 그리고 계약 안에서 사람의 응답은 하느님께서 마음에 품으신 것을 외적으로가 아니라 내적으로(마태 5-7장 참조) 반영하는 것입니다. 믿음, 올바른 행위, 자비, 신의는 인간성을 구체화하는 으뜸 실천이며, 세상에 대한 하느님의 실제적인 행동을 반영합니다. 분명 사람은 그것을 하기 위해 먼저 계약의 모범이신 예수님을 향한 시선(테오리아theoria, 바라봄)을 필요로 합니다. 여기서 사람은 하느님의 더할 나위 없이 적극적인 실천을 봅니다. 예수님의 해석은 행위와 드라마 속에 집어넣어진 '테올로기아theologia'(신학), 즉 하느님 말씀입니다. 살아 계신 계약이신 예수님께서 우리에게 하느님과 사람을 알려 주시는 가운데 우리는 예수님을 알게 됩니다.

이러한 과정은 수난에서 완성됩니다. 여기서 예수님께서는 사람이 하느님께 어떤 모욕을 가하는지, 하느님께서 어느 정도까지 당신에게 충실히 머무시는지["하느님께서는 세상을 너무나 사랑하신 나머지 외아들을 내주셨다."(요한 3,16)], 하느님께서 삼위일체의 내적 사랑 안에 어떻게 머무시는지(이 사랑은 성부에게서 버림받는 성자를 통해 성령 안에서 궁극적으로 가시화됩니다) 드러내시는 분이 됩니다. 또한 그분께서는 역사적 인간이 누구인지 보여 주십니다. 왜냐하면 그리스도인, 유다인, 이방인 모두 살아 계신 계약인 예수님을 배반하고 부인하며 어떻게 해서든 제거하고자 시도하기 때문입니다. 성금요일은 신적이고 인간적인 최종적 진리의 시간입니다. 모든 것을 가리는 어둠 속에서 사실이 가장 밝게 드러납니다.

이 날에 이루어지는 것 가운데 '사변적인 것'은 없습니다. 모든 것은 하느님과 사람에 관한 진리가 어떠한지 사람에게 '밝혀 줍니다.'(요한 16,8 참조) 이 진리가 성부 하느님의 전능하심을 통해 이루어진 예수님의 부활에 대한 의식의 조명을 받습니다. 이 진리는 많은 시련을 겪은 이가 마땅히 받아야 할 보상인 '해피 엔딩'이 아니라, 아드님의 현존에서 이루어진 하느님에 대한 전체 해석을 비추는 최종적 빛줄기입니다. 예수님께서는 '죄와 의로움과 심판에 관한 세상의 그릇된 생각을 밝히실 것입니다.'

"이 죄에 관하여 잘못 생각하는 것은 나를 믿지 않기 때문이고, 그들이 의로움에 관하여 잘못 생각하는 것은 (부활에서 의롭게 된) 내가 아버지께 가기 …… 때문이며, 그들이 심판에 관하여 잘못 생각하는 것은 이 세상의 우두머리가 이미 심판을 받았기 때문이다."(요한 16,9-11)

2. 은총과 심판

새로운 계약과 십자가와 부활이라는 정점을 통해 심판이 폐지되었다고 한다면 사람이 되심으로 하느님 자신이 폐지되었을 것입니다. 많은 이들이 이를 분명히 가르쳤습니다. 하지만 이를 암묵적으로 가르치는 다른 이들은 그 마땅한 귀결을 이끌어 내지 않습니다. 예수 그리스도 안에서 하느님의 엄위하신 사랑이 우리에게 가까이 다가올수록 우리 모두는 기준 아래, 심판의 기준 아래, 그리고 그 때문에 사랑의 심판 아래 놓입니다.

이 사실을 염두에 둔다면 예수님께서 지금까지 드러나지 않았던 지극한 은총과 철저한 심판 사이의 차원을 완전히 열어 보이시기에 예수님이라는 인물이 지닌 단일성이 더 명확해질 것입니다. 이는 지극한 은총입니다. 예수님께서는 우리에게 개방적인 비유 말씀으로 하느님께서 더 이상 하실 수 없었다는 사실을 보여 줍니다. 즉 성대한 잔치를 준비하시고 초대받은 이들이 오고자 하지 않기에 거리의 부당한 모든 이까지 참석하도록 초대, 아니 '강제'하십니다(루카 14,23 참조). 하지만 뜻밖에 베풀어진 이 은혜가 구걸하는 이들에게 그에 걸맞게 처신하도록 합니다. 혼인 예복을 입지 않은 사람은 어둠 속에 내던져집니다(마태 22,13 참조).

차려진 잔칫상은 다름 아닌 당신 자신을 음식과 음료로 내어주시는 아드님의 성체성사입니다. 그보다 호사스러울 수 없는 은총의 순간이기에 예수님께서는 당신의 선물을 강요하십니다. "너희가 사람의 아들의 살을 먹지 않고 그의 피를 마시지 않으면, 너희는 생명을 얻지 못한다."(요한 6,53) 하지만 이로써 예수님께서는 거북함을 크게 불러일으키시고 많은 제자를 잃으십니다. 그리고 사도들도 떠날지 선택하게 하시며 당신을 배반할 이를 드러내십니다.

'희생된 살'과 '흘려진 피'와 함께 직접적으로 십자가를 가리키는 성체성사는 이미 그 때문에 그 자체로 심판의 차원을 지닙니다. 왜냐하면 십자가에서 '심판이 내려지고'(요한 12,31 참조) 그 때문에 "주님의 몸을 분별없이 먹고 마시는 자는 주님의 몸과 피에 죄를 짓고 자신에 대한 심판을 먹고 마시는 것입니다."(1코린 11,27.29)

십자가에서 나오는 은총의 내적인 실제에서, 어떤 이가 십자가의 은총을 받아들이지 않을 경우 십자가 '다음에' 심판이 올 수 있다는 사실만 가능합니다. "하느님의 아드님을 짓밟고, 자기를 거룩하게 해 준 계약의 피를 더러운 것으로 여기는" 이의 죄를 위해 "바칠 수 있는 제물이란 남아 있지 않습니다. 무서운 심판만이 남아 있을 뿐입니다."(히브 10,29.26-27 참조) 그리스도 안에서 하느님 은총의 가치를 인정할 줄 모르는 이들은 "스스로 하느님의 아드님을 다시 십자가에 못 박고 욕을 보이는 것입니다." 가시나무와 엉겅퀴만을 내는 땅은 "쓸모가 없어서 저주를 받고, 마침내는 불에 타 버리고 맙니다."(히브 6,6-8)

신약 성경과 예수님께서 하신 말씀 가운데도 불이 자주 언급됩니다. 그분 스스로 '세상에 불을 지르러 오시지' 않으셨습니까? "그 불이 이미 타올랐다면 얼마나 좋으랴?"(루카 12,49) "나에게 가까이 오는 이는 불에 가까이 온다."라는 예수님의 말씀이 어느 외경에 실려 있습니다. 그리고 사람에게 '불로 세례를 주실 것'이라는 그분의 말씀(마태 3,11; 루카 3,16 참조)은 무엇을 의미할까요?

'성령과 불'이라고 성경에서 언급되듯이 성령께서는 불

의 모양으로 교회에 내려오실 것입니다. 예수님 당신 자신이 '불'이시기 때문에, '불꽃 같은 눈과 놋쇠 같은 발을 가지시기' 때문에 미지근한 것은 예수님께서 뱉어 버리십니다(묵시 2,18; 3,16 참조). 그분께서는 당신 사랑의 열정 속에 태워 버리시는 하느님(신명 4,24; 히브 12,29 참조)을 알리고 나타내시고 스스로 이 신적인 열정에 의해 집어삼켜지십니다(요한 2,17 참조). '하느님이 사랑이시라면'(1요한 4,8 참조) 그분의 '맹렬한 불'(히브 10,27 참조)은 오직 '사랑의 불'일 수밖에 없습니다. 하지만 예수님은 절대적이기 때문에 사랑이 아닌 모든 것을 제거하십니다. 그리고 하느님의 사랑이 영원하다면 이 '태워 버림'도 영원해야 합니다. 그렇기에 예수님께서는 주저 없이 사랑의 반대자를 집어삼킬 영원한 불을 말씀하십니다(마태 25,41-46 참조). 하지만 언젠가 하느님의 영원한 사랑 안에 살 수 있기에 각자 불속에서 시험을 겪고 정제된 금으로서 용광로를 나오기 위해 하느님의 불을 지나가야 합니다(1코린 3,13; 1베드 1,7 참조).

가르는 것에 대한 예수님의 수많은 말씀, 즉, 평화를 주러 온 것이 아니라 칼을 주러, 또 집안 식구를 갈라서게 하려고 오셨다는 말씀(마태 10,34-35 참조), 당신의 존재를 통해 보지 못하는 이들은 보고, 보는 이들은 눈먼 자가 되게 하며 그것이 '심판'이라는 말씀(요한 9,39 참조), 당신은 집 짓는 이들이 내버렸으나 주님에 의해 머릿돌로 선택된 '거북함을 일으키는 돌'이라는 말씀(마태 21,42 참조), 당신은 소작인들이 살해하는 포도밭 임자의 아들이자 상속자이며 소작인들은 그 때문에 죽임을 당한다는 말씀(마르 12,6-9 참조), 그리고 이외의 더 많은 말씀 모두 여기서 하느님 당신 자신이 현재하시는 분으로 해석된다는 사실을 명백히 보여 줍니다. 예언서에서처럼 이스라엘과 이민족에 대한 하느님의 심판이 예고될 뿐만 아니라 예수님 안에서 심판이 지금 이루어지는 것은 그분 사랑의 마지막 제안이기 때문입니다. 아드님을 최고의 사랑의 선물로 제시하시는 성부께서는 당신의 마지막 제안인 아드님 뒤에 심판하시는 분으로 서 계셔야 합니다. 아드님이 십자가의 심판에서 하느님에 대한 당신의 해석을 완성하셨다면 그분께서 스스로 알고 계시듯이(마르 8,38 참조) 심판 전체는 아드님께 넘겨집니다(요한 5,22 참조).

아드님의 심판은 다시 한 번 가르는 것에 대한 비유의 이미지에서 묘사될 수 있습니다(마태 25,31-46 참조). 하지만 심판은 더 복잡하게 드러날 수 있습니다. 예수님께서 당신은 심판하러 세상에 파견된 것이 아니고(요한 3,17 참조) 아무도 심판하지 않으신다고(요한 12,47 참조) 다짐하시기 때문입니다. 예수님께서는 하느님에게서 사랑과 구원을 가져오십니다. 하지만 "나를 물리치고 내 말을 받아들이지 않는 자를 심판하는 것이 따로 있다. 내가 한 바로 그 말이 마지막 날에 그를 심판할 것이다."(요한 12,48) 하는 말씀을 덧붙이셔야 합니다. 이 말씀에 가까이 오는 사람은 실제로 불에 가까이 옵니다. "내가 와서 그들에게 말하지 않았으면 그들은 죄가 없었을 것이다. 그러나 이제는 자기들의 죄를 변명할 구실이 없다."(요한 15,22; 9,41 참조)

우리가 예수님을 압니까? 오직 우리가 그분 안에서 절대적인 하느님 사랑의 현존과 논리를 알 때만 그렇습니다. 그 사랑은 사랑의 불꽃을 반대하지 않는 것을 자체로 정화할 수 있지만 사랑의 열매를 맺지 않으려고 하는 것을 뿌리째 말라 버리게 하고(마르 11,20-21 참조) 잘라 태웁니다(요한 15,6 참조).

예수님께서는 인간 존재의 언어로 하느님을 해석하십니다. 그분의 인성은 하느님께 죽은 문자나 기계적인 문자가 아니며, 절대적인 것을 언표하는 데 도움을 줍니다. 해석하시는 분이 몸소 당신의 생생한 실존으로 말씀하십니다. 예수님이 사람이라는 이미지와 비유는 퇴색하지 않습니다. 영원한 원형이 사람이라는 이미지 안에서 빛나고 지금 완성되기 때문입니다. 이미 하느님 안에 계신 영원하신 아드님이 영원하신 성부의 영속하는 자기 봉헌과 자기 해석이었기에 그렇습니다. 그분의 실존과 일치하는 예수님의 말씀을 이해하는 이는 삼위일체적 사랑의 신비로 영원히 들어가는 통로를 얻습니다. 이 통로 말고는 다른 입구가 없습니다. 하지만 오직 성령 안에서 가능합니다.

이 장에서는 성령을 통해 인간은 예수님을 알며, 예수님에 대한 앎과 신앙으로 영원한 생명을 얻는다는 내용을 다룬다. 인간은 자신의 힘이 아니라 성령을 통해서 예수님을 알게 된다. 오직 하느님께서 당신 자신을 열고 인간에게 자신을 전달하실 때 하느님은 알려진다. 성령이 아니라 인간의 영이 만드는 예수님의 이미지는 예수님을 담아 낼 수 없다. 성령께서는 각자에게 예수님에 대한 생각을 불어넣으시면서 그 안에서 활동하신다. 사람과 성령 사이에는 친밀함과 상이함의 긴장이 있다. 이 간극을 견지하는 이가 바로 영적인 사람이다.

  십자가를 비롯한 그리스도 사건 전체를 우리가 이해하도록 이끄는 것은 바로 부활이다. 신앙인은 부활의 영에서 십자가가 불가결함을 이해하고 십자가를 지고 따르라는 예수님의 요청에

응한다. 그리하여 성령의 인도로 십자가와 부활 사이에서 그리스도를 향해 끊임없이 움직인다. 십자가와 부활 사이에서 진통이 계속되는 가운데, 그리스도인들은 영이 주시는 믿음과 희망 속에서 그리스도를 더 깊이 알 수 있다.

예수님에 대한 앎과 신앙은 어느 누구보다 뛰어나신 예수님을 긍정하는 유일한 행위며, 이를 통해 영원한 생명이 주어진다. 예수님에 대한 앎은 성부에게서 비롯되고, 성령에 의해 우리 안에 불어넣어진다. 우리는 그리스도의 사랑을 성령께서 활동하시는 교회 안에서 찾을 수 있다. 이러한 그리스도의 사랑을 우리는 참되게 여기고, 실천을 통해 수용하며, 모든 이해를 뛰어넘는 것으로 알아야 한다. 이를 통해 비로소 삼위일체의 영원한 삶 안으로 인도되는 것이다.

제3장

예수님의 해석자인 성령

1. 내면에서 알다

예수님과 그분의 하느님 해석을 이해하기에 사람의 영이 충분하지 않다는 사실에 놀랄 수 있습니다. 우리의 영은 우리에게 드러날 가장 위대한 것, 즉 우리가 그로부터 오고 그로 가게 될 신비를 이해할 수 있을 만큼 충분하지 않습니까? 하지만 제자들은 예수님께서 부활하신 후 그들에게 고유한 내적인 영을 불어넣어 주셨을 때(요한 20,22 참조), 함께 모인 교회가 이 영을 오순절에 높은 곳에서 받았을 때에야(사도 2,1-4 참조) 예수님을 온전히 알게 됩니다.

하느님은 피조물 위에 계신 지고한 위엄을 지니신 분일 뿐만 아니라 가장 자유로운 사랑의 생명이십니다. 그분이 알려지시려면 스스로 드러내고 당신 자신을 전달해야 합니다. 인간 사이의 사랑의 신비에서 마음은 다른 마음에 자신을 열어야 한다는 사실을 우리는 이미 압니다. 그렇다면 땅 위에 드높이 있는 하늘처럼 사람의 것 위에 드높이 있는 하느님의 마음속 생각(이사 55,8-9 참조)은 얼마나 더 그러해야 하겠습니까? 이미 바오로 사도는 다음과 같이 말했습니다. "그 사람 속에 있는 영이 아니고서야, 어떤 사람이 그 사람의 생각을 알 수 있겠습니까? 마찬가지로, 하느님의 영이 아니고서는 아무도 하느님의 생각을 깨닫지 못합니다. 우리는 …… 하느님에게서 오시는 영을 받았습니다. 그래서 하느님께서 우리에게 주신 선물을 알아보게 되었습니다."(1코린 2,11-12)

이 영이 안 계시면 우리의 영이 만드는 예수님의 이미지는 창백하고 밋밋합니다. 우리의 영은 예수님께서 하느님의 내면을 한결같이 드러내는 긴장을 포용하지 못합니다. 사람들이 자신의 생각에 따라 만든 예수님의 수많은 이미지가 이를 충분히 증명합니다. 즉 온화하지만 궁극적으로는 무미건조한 구세주의 이미지, 가난하고 멸시받는 이, 죄인들과 '연대'에서 더 이상 타오르는 것이 없는, 정말 신성한 것이 나타나지 않는 이미지를 만들어 낸 것입니다. 이 이미지는 명백히 '우리의 영'에 따라 만들어졌습니다. 바오로 사도는 '영에 따른'(카타 프네우마kata pneuma) 참된 이미지를 얻고 이를 묘사하고자 '육에 따른'(카타 사르카 kata sarka) 지극히 인간적인 이미지를 거부합니다.

우리에게 주어진 하느님의 영을 물과 종종 비교하는 것은 의미가 있습니다. 하느님의 영은 '우리 마음에 부어집니다.'(로마 5,5 참조) 우리는 그 영을 '받아 마실 것입니다.' (1코린 12,13 참조) 하느님의 영은 예수님께서 야곱의 우물가에서 '하느님의 선물'로 약속하셨으며 우리 안에서 영원한 생명의 샘으로 변화될(요한 4,10-14 참조) 생수이십니다. 하지만 이 물을 내시는 분이 예수님이라는 사실["목마른 사람은 다 나에게 와서 마셔라."(요한 7,37)]과 이것을 당신 자신에게서 하신다는 사실을 결코 잊어서는 안 됩니다. 왜냐하면 피와 물이 당신의 심장에서 흘러나와(요한 19,34 참조) '성령과 물과 피'(1요한 5,7-8 참조)가 '하나로' 예수님을 증언하기 때문입니다. 이것이 성령과 교회(세례)의 단일성뿐만 아니라 성령과 성체성사의 단일성을 보여 준다는 사실이 중요합니다.

우리 안에 부어진, 우리를 '모든 진리 안으로' 이끄실, "스스로 이야기하지 않으시고 …… 나에게서 받아 너희에게 알려 주실"(요한 16,13-14 참조) 영은 이제 영적으로 되시어 성체성사 안에서 당신을 나누시는 그리스도와 분리될 수 없습니다. 이 완전한 단일성을 바오로 사도는 "주님은 영이십니다."(2코린 3,17)라는 말로 표현합니다.

그렇기에 성령께서 한 사람에게 예수님의 생각을 집어넣으신다는 사실에서 그 사람 안에서 활동하신다는 사실을 알아보게 될 것입니다. 하지만 이것은 사람의 말과 생각에서 더 이상 해소될 수 없는 긴장 가운데 일어납니다.

왜냐하면 예수님의 영을 받은 이는 예수님의 '형제' 내지 그분 신비체의 '지체'로서 자신을 그분과 가까운 사이로 이해한다고 할지라도 그분을 자신의 주님이자 스승, 자기 위에 계신 지고하신 은총의 수여자와 심판관으로 알게 될 것이기 때문입니다. 그는 자신이 "그리스도와 함께 세상에 대해서 십자가에 못 박혔습니다."(갈라 2,19)라고 말할 수 있겠지만 그리스도와 같은 의미로 다른 이를 위한 대속으로서 자신이 십자가에 못 박혔다는 생각을 역겹게 여기며 거부할 것입니다. "바오로가 여러분을 위하여 십자가에 못 박히기라도 하였습니까?"(1코린 1,13) 성령께서 만드시는 가까움 안에, 바로 같은 성령께서 불어넣으신, 구원받은 이가 구세주에 대해 지니는 거리가 명확해집니다.

성자의 씨를 심어 주시기 위해 성령께서 내려오신 '주님의 종'조차도 자신이 들어 높여진 체험에도 불구하고 종으로서 지닌 '비천함'을 알고 있었습니다(루카 1,48 참조). 이미 예수님께서 당신 제자들을 '친구'로 불렀음에도 바오로 사도는 자신을 결코 그리스도의 '친구'가 아니라 언제나

'종'으로 지칭할 것입니다. 아우구스티노가 말합니다. "당신은 저를 당신의 친구로 부르고자 하십니다. 하지만 저는 종일 뿐입니다."

어떠한 친밀함 속에서도 성령께서 주시는 이 거리에 대한 앎은 우리가 지닌 예수님에 대한 앎에 언제나 속합니다. 이 앎에서 사람들은 참으로 영적인 사람을 구분합니다. 결코 '신령한 언어를 말하는' 특별한 은사에서가 아니라(예수님께서는 하느님을 해석하기 위해 신령한 언어로 말씀하신 적이 없습니다) 성령의 가장 귀한 은사에서, 즉 예수님과 같이 '모든 것을 덮어 주고 …… 모든 것을 견디는'(1코린 13,7 참조), 모든 은사가 그친다고 할지라도 언제까지나 스러지지 않는 헌신적인 사랑에서 참으로 영적인 사람을 먼저 알아볼 수 있습니다.

바오로 사도는 믿는 이들의 마음속에 예수님에 대한 앎을 각인하기 위해 가장 강력한 이미지를 사용합니다. 즉 이 앎을 태초의 어둠에서 빛의 창조와 비교합니다.

"'어둠 속에서 빛이 비추어라.' 하고 이르신 하느님께서 우리 마음을 비추시어 예수 그리스도의 얼굴에 나타난 하느님의 영광을 알아보는 빛을 (우리에게) 주셨습니다."(2코린 4,6)

예수 그리스도의 얼굴에 나타난 성부 영광의 광채는 분명히 성령을 통하여 드러납니다.

"우리는 모두 너울을 벗은 얼굴로 주님의 영광을 거울로 보듯 어렴풋이 바라보면서, 더욱더 영광스럽게 그분과 같은 모습으로 바뀌어 갑니다. 이는 영이신 주님께서 이루시는 일입니다."(2코린 3,18)

이 영은 그리스도에게서 출발하시고 그리스도에게서 믿는 이들에게로 내려오십니다.

2. 십자가와 부활을 알다

멜로디의 마지막 음이 사라진 후 기억을 통해 모든 음을 처음부터 형성하는 단일성 안으로 모은 뒤에야 비로소 멜로디를 '이해'할 수 있듯이, 그리스도 사건도 부활을 통해서만 온전히 이해할 수 있습니다. 부활은 초기 그리스도인들에게 '십자가'라는 문제를 푸는 열쇠였고, 그들이 예수님 생애의 사건을 모두 해석할 수 있었던 빛이었습니다. 성체성사 안에서 영적으로 선사된 이의 영이기도 한 부활하신 분의 영께서 모든 진리를 가르쳐 주십니다.

무엇보다도 십자가의 진리와 필연성 안으로 이끌어집니다. "그리스도는 그러한 고난을 겪어야 하는 것이 아니냐?"(루카 24,26) 그 십자가의 길로 지상의 예수님께서는 이미 당신을 따르는 이들을 초대하셨습니다(마태 10,38; 루카 9,23 참조). 이로써 신앙인은 예수님에 대한 두 가지 시선을 얻습니다. 즉, 부활의 영에서 신앙인은 십자가의 불가결성을 이해하고 예수님의 요구에서 십자가로 향하는 길을 걸으며 예수님을 따를 수 있습니다. 신앙인은 부활에서(신앙인을 부활로 이끄는 것은 근본적으로 세례입니다) 십자가를 향해 살아갑니다. 하지만 일상에서 이루어지는 십자가에 달리면서 부활을 향해 살기도 합니다. 바오로 사도는 이 두 가지를 분명히 언급합니다.

바오로 사도의 마음에 밝혀진 영광에 대한 앎의 빛이 신앙인들로 하여금 예수님을 따르는 길로 나서게 합니다. 이 따름은 신앙인으로 하여금 '언제나 예수님의 죽음을 몸에 짊어지게'(2코린 4,10 참조) 합니다. 하지만 신앙인은 고통을 받으면서 예수님을 온전히 알기 위해 부활을 향해 노력합니다. "나는 죽음을 겪으시는 그분을 닮아, 그분과 그분 부활의 힘을 알고 그분 고난에 동참하는 법을 알고 싶습니다. 그리하여 어떻게든 죽은 이들 가운데에서 살아나는 부활에 이를 수 있기를 바랍니다."(필리 3,10-11)

이러한 동요 속에서 그리스도인은 최종적인 자리를 정할 수 없습니다. 예수님에 대한 앎이 끝에서 시작으로, 시작에서 끝으로 동시에 획득됩니다. 그렇기 때문에 바오로 사도는 정해진 자리를 결정하길 포기하고 자신을 그리스도를 향한 움직임으로 이해하고자 합니다. "형제 여러분, 나는 이미 그것을 차지하였다고 여기지 않습니다. 그러나 이 한 가지는 분명합니다. 나는 내 뒤에 있는 것을 잊어버리고 앞에 있는 것을 향하여 내달리고 있습니다. …… 상을 얻으려고, 그 목표를 향하여 달려가고 있는 것입니다. …… 그리스도 예수님께서 이미 나를 당신의 것으로 차지하셨기 때문입니다."(필리 3,13-14.12)

여기에서 이런 저런 예수님의 상황에 우리를 마주하게 하는 상황을 분배하는 것도 그리스도 영의 몫입니다. 영은 부활의 환호 가운데에도, 겟세마니의 '죽도록 슬픈 지경'에도 우리를 집어넣으실 수 있습니다. 우리가 믿음 안에 살고 여러 상황에서 우리 자신을 드러내지 않는다면 이 모두를 통해 예수님에 대한 앎에 더 깊이 도달할 수 있습니다. 바오로 사도는 자기가 예수님에 대한 앎을 다른 사람들에게 전하기 위해 이 앎이 필요하다고 말합니다.

"하느님께서는 우리가 환난을 겪을 때마다 위로해 주시어, 우리도 그분에게서 받은 위로로, 온갖 환난을 겪는 사람들을 위로할 수 있게 하십니다. 그리하여 그리스도의 고난이 우리에게 넘치듯이, 그리스도를 통하여 내리는 위로도 우리에게 넘칩니다. …… (그를 통해서) 우리가 겪

는 것과 똑같은 고난을 여러분도 견딜 수 있습니다."(2코린 1,4-6)

그리스도 경험의 전체 폭이 성인들의 경험을 통해 교회 안으로 분배되어 역사적인 그리스도 사건 전체도 교회 안에서 다양하게 체험됩니다. 이것이 개개인에서 어떻게 이루어지는지는 사람의 시선을 벗어나 있습니다. 박해로 수난을 당하는 교회는 아마도 기쁨과 풍요로움을 누리는, 그래서 십자가에 덜 참여하는 교회보다 부활의 숨은 광채에 대한 통찰을 더 깊이 지닐 것입니다. 어찌되었든 그리스도의 다른 지체의 고통과 전체 인류의 고통을 계속 생각하는 그리스도인들의 부활의 기쁨은 유보적입니다. 부활이 이미 일어났다고, 십자가는 이미 지나갔다고 말하는 것은 영을 쫓아다니는 사람들의 이단적인 오류였습니다(2티모 2,18 참조).

"먼저 있었던 것은 영적인 것이 아니라 물질적인 것이었습니다. 영적인 것은 그다음입니다. …… 살과 피는 하느님의 나라를 물려받지 못합니다."(1코린 15,46.50)

분명히 우리는 그리스도와 함께 부활하고 그분과 함께 하늘에 앉혀졌습니다(에페 2,6 참조). 하지만 오직 믿음으로 그런 것이지 체험이나 보는 것에서 그런 것이 아닙니다(2코린 5,7 참조). 아직 채워지지 않은 것으로 보이는 희망에서 그러합니다(로마 8,24 참조). 우리는 우리가 하느님의 자녀임을 압니다. 하지만 "우리가 어떻게 될지는 아직 드러나지 않았습니다."(1요한 3,2) 그렇기 때문에 우리 안에는 온전한 자유의 영광이 드러나길 갈망하는 영의 탄식이 지배합니다. 우리는 전체가 아직 진통을 겪는 세상에 살고 있습니다(로마 8,19-22 참조). 모든 그리스도인의 기본적인 실존인 그리스도교적 기쁨(필리 1,4.25; 2,17; 4,4 등 참조)은 하느님께 속하는 영혼의 밑바닥에 깊숙이 넣어지고 하느님에 의해 감추어지며 믿는 이가 파악할 수 없게 될 수 있습니다. 하지만 신앙인은 이 기쁨이 출발점이자 종착점임을 아는 것으로 충분합니다. 왜냐하면 영혼이 기쁨을 느끼든지 고통을 느끼든지 성령께서는 '몸소 우리가 하느님의 자녀임을 우리의 영에게 증언해 주시기를' 그치지 않으시기 때문입니다. "다만 그리스도와 함께 영광을 누리려면 그분과 함께 고난을 받아야 합니다."(로마 8,17)

부활과 십자가 사이에 있는 우리 실존의 이미지는 복음서에서 성령께서 바로 예수 그리스도에 대해 제시하신 바를 반영합니다. 십자가를 향한 길과 부활에서 삶을 되돌아봄은 서로 안으로 반영됩니다. 이것은 신기루가 아니라 더 심오한 진리의 이미지를 가져옵니다. 왜냐하면 제자들이 부활의 조명에서 비로소 예수님의 삶을 올바로 이해하고 평가할 수 있었을 뿐만 아니라 예수님 스스로 처음부터 당신의 '시간'을 향해 사셨기 때문입니다. 그 시간 안에서 하느님께서는 당신의 나라가 오게 하시며, 예수님께서는 그 나라가 가까이 왔다는 것과 그 나라의 문턱에 있음을 모든 것을 통해 선포하십니다.

영에 의해 그려진, 모든 시대에 맡겨진 이러한 예수님의 이미지는 참됩니다. 그렇기에 현세에서 예수님을 그린 어떤 초상화도, 그것을 어떤 화가나 주석 학자나 신학자가 그렸다고 할지라도 우리의 마음을 충족하지 못합니다.

우리는 독일의 시인 노발리스Novalis가 어머니에 대해 노래한 바를 예수님께 옮길 수 있습니다.

> 나는 수천 장의 그림에서 당신을 봅니다
> 주 예수님, 온화하게 그려지셨지만
> 이 모든 것 중 아무것도
> 내 영혼이 당신을 바라보는 것과 같이
> 당신을 묘사할 수는 없습니다

오직 성령께서 교회에 제시하시는 이미지만 수천 년 동안 죄 많은 인간을 성인으로 변화시켜 왔습니다. 우리는 이 변화시키는 힘이라는 기준에 따라, 예수님을 알게 해 주는 여러 가지 이미지가 지닌 가치를 측정해야 할 것입니다.

3. 모든 지식을 뛰어넘는 그리스도의 사랑을 알다

성령께서 예수님에 대해 우리에게 제시하시는 형태로, 그분께서는 세계사와 종교사의 다른 모든 인물과 질적으로 구분되는 예수님에 대한 앎을 전달하십니다. 예수님은 위인을 나타내는 스승, 현자, 예언자, 종교 설립자 등 어떤 칭호로도 규정할 수 없습니다. 예수님께서는 이 모든 것 가운데 일부를 지니실 수 있지만 그것을 넘어서며 근본적으로 다르십니다. 예수님을 따르는 이들은 그 사실을 압니다. "저희가 누구에게 가겠습니까? 주님께는 영원한 생명의 말씀이 있습니다. 스승님께서 하느님의 거룩하신 분이라고 저희는 믿어 왔고 또 그렇게 알고 있습니다."(요한 6,68-69)

아는 것과 믿는 것, 이 두 가지는 명백함을 보여 주는 동시에 그것을 요구하는 한 인물의 확실함에 동의하는 긍정의 유일한 행위를 구성합니다. 아는 것이 믿는 것을 뒷전으로 밀지 않으며, 믿는 것이 알지 못한 채 맹목적으로 긍정하는 영역으로 밀치지도 않습니다.

예수님과 신앙인 사이에 친밀한 인격적 관계가 형성되었을 때["나는 내 양들을 알고 내 양들은 나를 안다."(요한 10,14)], 이 상호적인 앎은 상호적인 개방으로서 내면의 모습을 드러내고, 안을 들여다보도록 허용합니다. 이것은 어떤 임의의 삶이 아니라 바로 '영원한 생명'입니다. "영원한 생명이란 홀로 참하느님이신 아버지를 알고 아버지께서 보내신 예수 그리스도를 아는 것입니다."(요한 17,3)

통찰을 선사하는 광채는 동반하는 '믿음'이라고 불릴 수 있는 헌신을 요구합니다. "하느님께서 우리에게 베푸시는 사랑을 우리는 알게 되었고 또 믿게 되었습니다."(1요한 4,16), "아버지께서 저에게 주신 말씀을 제가 이들에게 주고, 이들은 또 그것을 받아들였기 때문입니다. 그리하여 이들은 제가 아버지에게서 나왔다는 것을 참으로 알고, 아버지께서 저를 보내셨다는 것을 믿게 되었습니다."(요한 17,8)

이 인물과의 만남은 평생을 믿음으로 헌신할 수 있게

하는 확신을 가져다줍니다. "나는 내가 누구를 믿는지 잘 알고 있습니다." 하고 바오로 사도는 간결하면서도 설득력 있게 말합니다. 사도는 계속해서 말합니다. "또 내가 맡은 것을 그분께서 그날까지 지켜 주실 수 있다고 확신합니다."(2티모 1,12)

이는 우리가 예수님께 맡긴 것이 그분께서 우리에게 사명으로 맡기신 것과 같음도 의미할 수 있습니다. 이 두 가지를 분리할 수 없습니다. 바오로 사도가 자신을 주님께 내맡길 때 그 안에는 그의 개인을 능가하는 사명 전체가 놓여 있습니다.

바오로 사도의 말에는 승리의 울림이 담겨 있습니다. 사도의 말은 친구를 사귀거나 배우자와 사랑을 나누는 과정에서 올바른 사람을 신뢰하게 되었다는 확신을 얻은 이의 진술이 아닙니다. 성령 안에서 예수 그리스도의 위상에 이의를 제기할 수 있는 것은 아무것도 없음을 아는 이의 진술입니다. 바오로 사도의 통찰에서 예수 그리스도께서는 플라톤이나 괴테, 헤겔처럼 인간의 자연적인 영으로 이해하고 그에게 깊은 인상을 줄 수 있을 어떤 경쟁 대상도 뛰어넘으십니다. 그래서 현세적인 것에 익숙한 귀에 오만하게 들리는 굉장한 진술이 이어집니다.

"현세적 인간은 하느님의 영에게서 오는 것을 받아들이지 않습니다. 그러한 사람에게는 그것이 어리석음이기 때문입니다. 그것은 영적으로만 판단할 수 있기에 그러한 사람은 그것을 깨닫지 못합니다. 영적인 사람은 모든 것을 판단할 수 있지만, 그 자신은 아무에게도 판단받지 않습니다. '누가 주님의 마음을 알아 그분을 가르칠 수 있겠습니까?' 그러나 우리는 그리스도의 마음을 지니고 있습니다."(1코린 2,14-16)

그리스도의 마음은 누군가 대상으로 바라볼 수 있는 마음, 즉 하느님이신 주님의 마음이기도 하고 그리스도 안에서 주관하시는 주체적 영, 즉 신적이지만 신앙인에게 이해를 위해 선사되는 성령이시기도 합니다. 그분께서는 마음을 '지니십니다.'

여기에서 영적인 사람의 판단이 세계 내적인 어떤 가르

침이나 인물이나 지혜에 대해 지니는 절대적인 우월함이 나옵니다. 이 우월함은 예수님에 대한 앎을 통해 영적인 사람이 어떤 판단도 받지 않도록 만들 뿐만 아니라 그의 주장이 '어리석음'으로 비치기에 그를 순교자로 만들기도 합니다. 여기서 바오로 사도가 교만한 것은 아닐까요? 바오로 사도가 '모든 것을, 그리고 하느님의 깊은 비밀까지도 통찰하시는'(1코린 2,10 참조) 성령을 자신의 것이라고 주장하면서 자신을 하느님 자신과 동일한 차원에 놓는 것은 아닐까요?

그렇지만 바오로 사도는 그리스도 인물의 신성을 오직 자신에게 불어넣어진 신적인 영을 통해서만 깨닫고 증언할 수 있음을 알고 있습니다. "성령에 힘입지 않고서는 아무도 '예수님은 주님이시다.'고 말할 수 없습니다."(1코린 12,3)

바오로 사도는 '신비를 아는 온전한 지식에서', '온전한 확신과 깨달음에서' 그리스도를 모든 '지혜와 지식'의 화신이라고 고백하는(콜로 2,2-3 참조) 이 진술로 모든 공동체를 이끌고자 합니다.

하지만 그분이 주님이시라는 진술, 예수님의 절대적 우월성에 대한 이 진술로 바오로 사도와 공동체는 모두 제자리를 찾게 됩니다. 예수님에 대한 앎은 그분 안에 나타난 사랑이 어떤 지식의 파악 능력도 뛰어넘기에 예수님께서 더 이상 뛰어넘을 수 없이 더 크신 분이라는 사실에 대한 앎입니다. 그렇기 때문에 마지막 세 가지 진술이 이루어집니다.

"(하느님) 아버지께서 당신의 풍성한 영광에 따라 성령을 통하여 여러분의 내적 인간이 당신 힘으로 굳세어지게 하시고, 여러분의 믿음을 통하여 그리스도께서 여러분의 마음 안에 사시게 하시며, 여러분이 사랑에 뿌리를 내리고 그것을 기초로 삼게 하시기를 빕니다. 그리하여 여러분이 모든 성도와 함께 너비와 길이와 높이와 깊이가 어떠한지 깨닫는 능력을 지니고, 인간의 지각을 뛰어넘는 그리스도의 사랑을 알게 해 주시기를 빕니다. 이렇게 하여 여러분이 하느님의 온갖 충만하심으로 충만하게 되시

기를 빕니다."(에페 3,16-19)

첫 번째로 이것은 그리스도에 대한 앎이 성부에게서 비롯되며, 깨달음을 위해 우리를 내적으로 굳세게 하시는 그분의 성령 안에서 그 앎이 우리에게 불어넣어진다는 진술입니다. 여기서 이 내적인 특성은 우리를 우리 자신의 깊이(우리 '자신' 안)에 잠기도록 하지 않고 우리 안에 사시는 그리스도를 찾게 합니다. 예수님은 '우리의 가장 내밀한 데보다 더 내밀하게 계시는 분interior intimo meo'이십니다. 다시 한 번 성령과 영적-성체성사적 그리스도는 나뉠 수 없이 하나를 이루십니다. 이와 같이 성령을 통해 우리 안에 깊이 계시는 주님을 오직 '믿음' 안에서 만나 뵐 수 있습니다. 주님께 순종하며 그분 사랑의 '새 계명'을 받아들이는 이만 그분을 만나 뵐 수 있습니다. 이 계명은 예수님을 넘어 형제들을 가리켜 보이고 그분께서 맡기신 모든 것의 축이자 화신인 그리스도교적 사랑을 가리킵니다.

두 번째로 이것은 우리가 그리스도 사랑의 차원을 다른 곳이 아니라 바로 교회 공동체 안에서, 성령에 의해 일으

커진 사명과 은사의 분배 안에서, 그것의 교환 안에서 찾을 수 있다는 진술입니다. 각자 주님에 대한 특별한 앎으로 자신에게 드러나고 주어진 것을 다른 이에게 전달해야 합니다. 왜냐하면 누구도 성인들에게 선사된 사랑을 동시에 사방으로 찾을 수 없기 때문입니다. 한 사람이 높이를 재는 가운데 다른 이는 깊이를 알고 또 다른 이는 너비를 체험합니다. 누구도 성령과 아드님과 성부께서 계신 곳으로 자신을 홀로 끌어올릴 수 없습니다. 전체 교회만 그리스도의 신부이고 교회 역시 오직 그분에 의해 직접 빚어진, 그분의 충만함을 담는 그릇으로서 그러합니다.

그렇기 때문에 세 번째 진술은 역설일 수밖에 없습니다. 우리 모두 함께 그리스도의 사랑, 그분의 삼위일체적 사랑을 이론적으로 참되게 여기거나 실천적으로 수용할 뿐만 아니라 진실로 '알아야' 합니다.

하지만 우리는 그 사랑을 '사람의 모든 이해를 뛰어넘는 것'으로, 우리가 지닌 앎의 그릇을 줄곧 넘는 것으로 알아야 합니다. 그것은 그리스도 안에서 우리를 '생생하게'

만나며 '그리스도 안에 머무는 온전히 충만한 신성'(콜로 2,9 참조)에 의해 우리가 앎을 뛰어넘어 바로 이 삼위일체의 영원한 사랑의 충만함으로 이끌리고 그 안에서 보호를 받기 위해서입니다.

20세기의 위대한 신학자, 한스 우르스 폰 발타사르

,

한스 우르스 폰 발타사르는 어릴 적부터 영특하고 감수성이 풍부했다. 그가 처음 관심을 가진 학문은 다름 아닌 문학이었다. 그래서인지 그의 작품 가운데는 문학적인 색채가 강한 작품들이 많다. 이는 그의 작품을 읽기 어렵게 만들기도 하지만 냉철한 이성이 아니라 문학적 감수성을 가지고 읽도록 해 준다. 발타사르가 젊은이들에게 아름답고 참된 것, 가장 중요한 본질적인 것을 전하고자 하는 마음으로 집필한 《세계의 심장》에서도 그러했고, 학문적인 시선보다 사랑의 시선으로 성경 속 하느님과 만날 때 온전히 그분을 만날 수 있음을 전하는 이 책 《발타사르, 예수를 읽다》에서도 그러했다. 이처럼 뛰어난 문학적인 소질을 지녔던 발타사르는 독문학으로 박사 학위를 받은 뒤 신학을 시작했다.

발타사르의 신학은 철학적으로 현상학적 방법론에 크게 영향을 받았다. 특히 그는 현상학적으로 출현하는 것을 존재론적으로 있는 것으로 보았다. 존재를 모든 실재와 가치의 충만함으로 본 것이다. 그는 독립된 철학 체계를 구축하려 애쓰지 않았지만 그의 신학에는 철학적 바탕이 짙게 깔려 있다.

한편 발타사르에 대해 이야기할 때 절대 빼놓을 수 없는 인물이 있다. 바로 아드리엔 폰 슈파이어다. 슈파이어는 발타사르의 도움을 받아 가톨릭에 입교하고 자신이 했던 신비 체험을 글로 남길 수 있었다. 두 사람의 관계는 발타사르 자신에게도 영향을 크게 미쳤다. 발타사르는 슈파이어에게 영감을 받아 신학적으로 더욱 단단해질 수 있었다. 그래서 그는 "처음 만난 후 지금까지 줄곧 아드리엔 폰 슈파이어는 제게 영감을 불어넣어 주었습니다."라고 고백하기도 했다.

이러한 특이점을 바탕으로 발타사르는 독창적인 사상을 전개했다. 그는 20세기 신학자 가운데 독보적인 존재였다. 특히 발타사르는 '아름다움'을 통해 계시를 해석하는 법을 전하고자 했다. 이 의도가 가장 잘 드러난 작품이 발타사르의 기념비적인 3부작 《영광》, 《하느님의 드라마》, 《하느님의 논리》다. 발타사르에게 '아름다움'은 그 정수精髓 속에 선과 진리의 가치를 담는 초월적 개념이다. 이를 바탕으로 그는 '신학적 미학'이라 일컫는 신학 체계를 구축한다.

또한 발타사르는 존재와 하느님을 향해 접근하기 위해 '영광'과 '사랑'이라는 개념을 언급했다. 영광은 하느님의 자기 현시로서, 그 자체로 언제나 사랑의 날인을 간직한다. 그러나 이는 하느님께서 인류에게 내려오시고 비천해지고 절멸되심으로써 영광스럽게 되는 특별한 영광이다.

영광, 사랑, 십자가는 발타사르의 신학적 미학을 정의한다. 모든 것은 하느님의 사랑에서 나온다.

이러한 발타사르의 신학을 구성하는 토대가 바로 예수 그리스도다. 하느님의 영광, 사랑, 십자가는 그리스도 안에서 충만하게 드러난다. 특히 발타사르에게 그리스도를 특별히 구별 짓는 요소는 '순명'이다. 강생하신 아드님께서는 십자가 죽음에 이르기까지 순명하신 아드님으로 계시된다. 또한 발타사르는 순명과 십자가 이상으로, 지옥에 내려가신 그리스도의 신비를 강조했다. 그는 이 신비가 그리스도께서 인류가 범한 죄의 결과까지도 온전히 나누셨음을 의미한다고 보았다.

그리고 이 그리스도론의 바탕 위에 발타사르는 삼위일체의 신비에 대한 새로운 해석을 제시했다. 그는 삼위일체의 신비가 그리스도를 통해 우리에게 온전히 계시되었음에 주목했다. 이제 우리는 예수 그리스도 안에서 하느님은 사랑이시라고 말하고, 그분 안에서 하느님의 위격에 대한 이해에 이를 수 있다. 발타사르가 이 책에서 언급하듯이 "예수님의 말씀을 이해하는 이는 삼위일체적 사랑의 신비로 영원히 들어가는 통로를 얻는" 것이다.

"발타사르가 원했던 것은 아우구스티노 성인이 한 말로 요약할 수 있습니다. '사랑하는 형제 여러분, 이 현세의 삶을 사는 동안 우리는 마음의 눈을 치유하여 하느님을 볼 수 있게 해야 합니다.' 마음의 눈을 치유하여 세상과 우리 인생의 바탕이자 최종 목적인 살아 계신 하느님을 볼 수 있게 하는 것이 바로 발타사르가 중요하게 여겼던 것입니다."

요제프 라칭거 추기경(베네딕토 16세 교황)